Madrid

kreuz

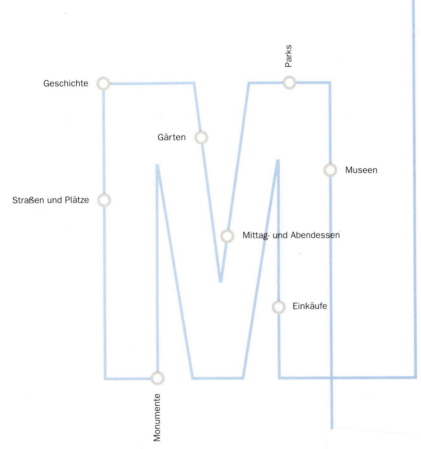

Geschichte

Parks

Gärten

Museen

Straßen und Plätze

Mittag- und Abendessen

Einkäufe

Monumente

Text: **César Justel**

Fotos: **Antonio Tabernero**

und quer

EDICIONES
Aldeasa

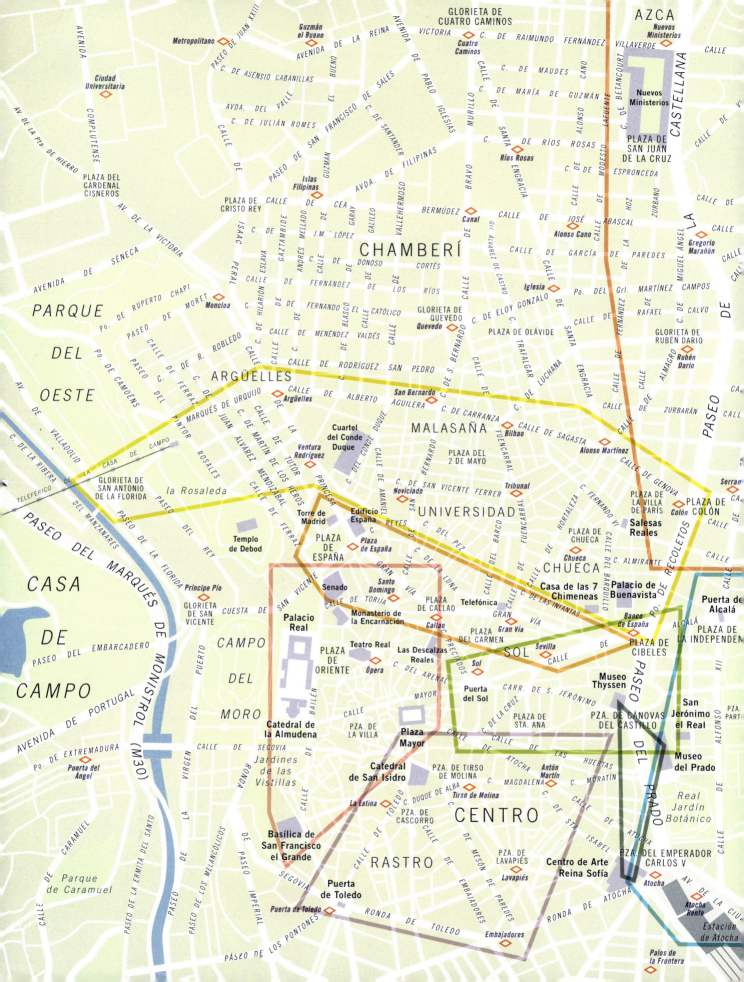

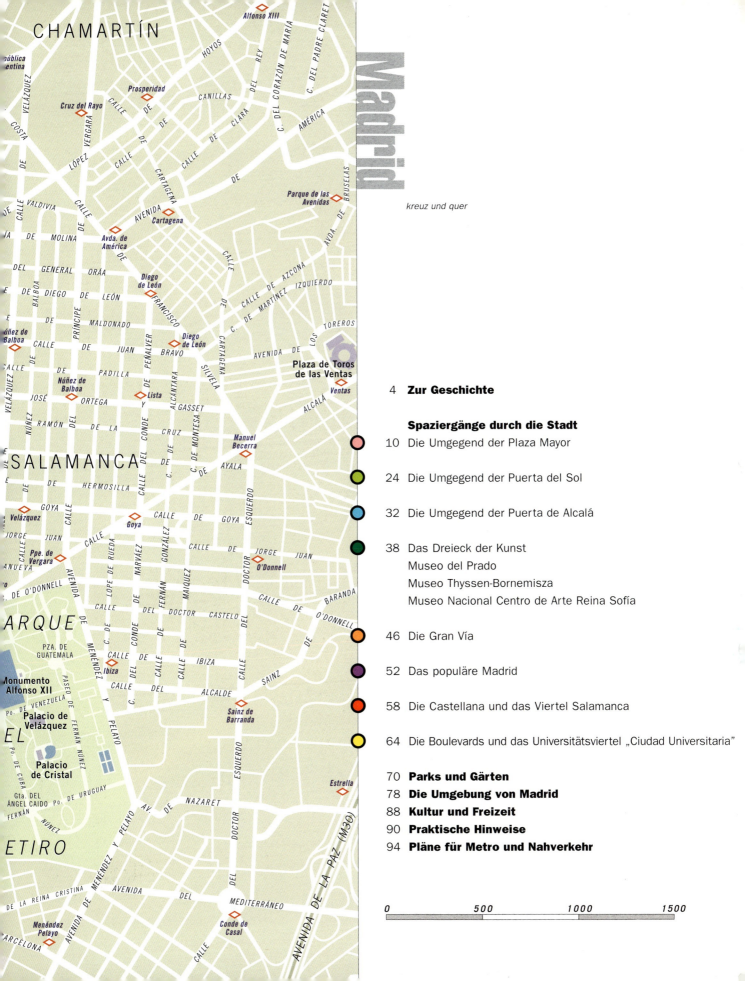

Madrid

kreuz und quer

0　　　　500　　　　1000　　　　1500

Zur Geschichte

Die Ursprünge

Versteinerte Reste, die man bei den Ausgrabungen am Manzanares und auf dem Cerro de San Isidro gefunden hat, beweisen, dass schon vor langer Zeit Menschen hier gelebt haben, wo heute Madrid steht. 300.000 Jahre, schätzen die Archäologen, sind die ersten menschlichen Zeugnisse alt. Aus der Römerzeit machte man Funde in der Casa de Campo und fand Reste von Villen in Carabanchel und Villaverde Alto.

Erste schriftliche Zeugnisse über den Ort des heutigen Madrid stammen aus der Zeit, als die Mauren im 9. Jh. jene kleine Siedlung mit dem Namen Mageritum besetzten und ausbauten. Man weiß, dass sie auf einem Hügel stand, umgeben von Wäldern, in denen es Bären gab, die sich hauptsächlich von der Frucht des Madroño (Erdbeerbaum) ernährten. Beide – Bär und Erdbeerbaum – sind heute im Stadtwappen zu sehen.

Die Araber bauten einen Alcázar (Burg) – wo heute der Königspalast steht – und nannten ihn Magerit. Im Jahre 939, eroberte ihn Ramiro II., König von León, und verlor ihn später wieder. Damals war der Ort nur ein Vorposten für die Verteidigung von Toledo und des Tajo-Tals. Andere Chroniken berichten, dass Alfons VIII. von Kastilien 1203 einen Ort namens Majeriacum belagerte – sicherlich Magerit – und ihm das erste Stadtrecht verlieh. Im 13. Jh. taucht der Name Madrit auf. Seine Einwohner hatten bei der Schlacht von Navas de Tolosa (1212) mitgekämpft, die ausschlaggebend für die Expansion des Reiches der Christen war. In jener Zeit hatte die Stadt eine Mauer, einen Statthalter und zwölf Ratsherren und lebte von Feldarbeit und Viehzucht. Die Plaza de la Paja war die Stadtmitte, da dort der Markt stattfand, bis König Juan II. (Mitte 15. Jh.) die Plaza del Arrabal bauen ließ, aus der die heutige Plaza Mayor wurde.

Königspalast und Kathedrale Almudena ▶
von der Segovia-Brücke aus

1492, nachdem die Katholischen Könige Granada erobert und die Araber aus Spanien vertrieben hatten, musste man gezwungenermaßen über Madrid reisen, wollte man nach Toledo kommen, das Kaiser Karl V. später zur Kaiserstadt machte. Madrid blieb weiterhin ein kleiner Ort, der sicherlich bei den Rebellionen mitwirkte, die nach dem Tode Isabellas der Katholischen ausbrachen (1504), im Turm de los Lujanes war Franz I., König von Frankreich, eingekerkert (1525). In Erinnerung an jene Zeit sind uns der bereits erwähnte Turm de los Lujanes, der Mudéjar-Turm San Pedro, die Capilla del Obispo (Bischofskapelle) und der Konvent San Jerónimo el Real geblieben.

Madrid, Spaniens Hauptstadt

Ein Habsburger, Philipp II., beschloss, die Hauptstadt Spaniens von Toledo nach Madrid zu verlegen. 1560 richtete er seinen Hofstaat in Madrid ein. Die Bevölkerung nahm rasch zu. Unter den kuriosen Erlässen Philipps II. hieß es auch, dass ihm die Obergeschosse der Häuser zu überlassen seien, um darin „Künstler und Adlige zu beherbergen, die in die Stadt kämen". Um „Missbrauch" zu verhindern, wurden die meisten Häuser daher ebenerdig gebaut („boshafte Häuser"). Das Habsburger Königshaus machte Madrid groß und hinterließ viele Monumente, die heute noch in der Altstadt, dem *Casco Antiguo*, erhalten sind.

In jenem *Madrid de los Austrias*, dem die Mauerumgrenzung bereits zu eng geworden war, gab es fünf Stadttore, von denen uns nur noch die Standorte bekannt sind: Das Guadalajara-Tor (am Anfang der Calle Mayor), das Segovia-Tor (zum Fluss hin), das Maurentor (in der Nähe der Calle de don Pedro), das Balmadeo-Tor (neben dem heutigen Convento de la Encarnación) und die Puerta Cerrada (auf dem Platz, der heute ihren Namen trägt), als Grenze zwischen dem herrschaftlichen Habsburger Viertel und dem populären La Latina.

Im sogenannten *Siglo de Oro* („Goldenes Zeitalter", 16. - 17. Jh.) lebten Maler wie Velazquez, der nicht nur die Königsfamilie verewigt hat sondern auch die Landschaft um Madrid herum, und Architekten, wie Juan Bautista de Toledo und Juan de Herrera (der Erbauer von El Escorial). Durch sie erhielt die Stadt ein „herrerianisches" Aussehen, mit der Fertigstellung des Alcázars als Königsresidenz, des Convento de las Descalzas, San Ginés und San Agustín. Es war auch die Zeit der Großen der spanischen Literatur: Cervantes, Quevedo, Góngora, Tirso de Molina, Calderón de la Barca und Lope de Vega.

Plaza de Oriente ▶

Das 18. Jahrhundert

Karl II. verschied ohne Nachkommen. Mit ihm starb der Zweig der Habsburger aus, der die Weltherrschaft angestrebt hatte, und es begann der Streit um die Nachfolge. Auf der einen Seite standen die Bourbonen, mit Philipp von Anjou, Enkel des französischen Königs Ludwig XIV., auf der anderen Seite, Erzherzog Karl. Madrid trat für die Bourbonen ein. Die Chronisten berichten, dass viele Menschen erdrückt wurden, als sie im Februar 1701 den Einzug des ersten Bourbonen – Philipp V. – in den Palast Buen Retiro sehen wollten. Madrid verdankt Philipp V. – der einen Teil seines Lebens im Krieg mit ganz Europa verbracht hat – Bauten wie die Nationalbibliothek, die Academia Española und die Academia de la Historia, weiterhin den Paseo de la Virgen del Puerto, die Kaserne Conde Duque, das Hospiz, die päpstliche Kirche San Miguel und die Salesas Reales. Unter ihm begann man mit dem Bau des Königspalastes, 1734, nachdem der Alcázar durch einen Brand zerstört worden war. Nach ihm war es Karl III., der an Madrid die meisten Verschönerungen vornehmen ließ. In seiner Regierungszeit wurde das Zollamt (heute Ministerio de Hacienda – Finanzministerium) gebaut, die Puerta de Alcalá, das astronomische Observatorium, der Botanische Garten, das Museum für Naturwissenschaften (heute Museo del Prado), das Hospital Provincial und San Francisco el Grande. Weiterhin entstanden die großen Arterien der Hauptstadt, die Straßen Castellana, Recoletos und Prado. Mit seinem Nachfolger, Karl IV., begann die Dekadenz, die Goya so treffend dargestellt hat. Madrid widerstand – vor allem im Mai 1808 – der Invasion Napoleons, dank seiner mutigen Einwohner.

Das moderne Madrid

Der große Umschwung für den Städtebau in Madrid kam mit den Liberalen. Die Säkularisierungen, 1836 und 1855, betrafen vor allem kirchliche Gebäude. Von 65 Klöstern wurden 17 zerstört, 17 wurden für andere Zwecke bestimmt und fünf wurden an Privatpersonen verkauft; nur 18 (vor allem Nonnenklöster) konnten als solche gehalten werden. Im 19. Jh. wurde die Puerta del Sol umgestaltet, und Madrid wuchs weiter. Zu Beginn des 20. Jh. wurde die Gran Vía eröffnet und bebaut, und in den fünfziger Jahren verlängerte man den Paseo de la Castellana und zog dort moderne Gebäude hoch, meist Bankgebäude.

Puerta de Alcalá ▶

Plaza Mayor

Statue Philipps III ▶
Plaza Mayor (seiten 12-13)

1. Plaza Mayor
2. Palacio de Santa Cruz
3. Arco de Cuchilleros
4. Mercado de San Miguel
5. San Ginés
6. Plaza de la Villa (Rathaus)
7. Convento de las Carboneras
8. Basílica de San Miguel
9. Calle Mayor
10. Palacio de Uceda
11. San Francisco el Real und
Capilla del Cristo de la
Venerable Orden Tercera
12. Palacio Real (Königspalast)
13. Catedral de la Almudena
14. Teatro Real (Kgl. Theater)
15. Muralla Árabe (Arabische Mauer)
16. Monasterio de la Encarnación
17. Senado (Senat)
18. Convento de las Descalzas
19. Plaza de la Cruz Verde
20. San Pedro el Viejo
21. Capilla del Obispo,
Iglesia de San Andrés und
Capilla de San Isidro
22. Puente de Segovia (Brücke)

Das Madrid de los Austrias (Habsburger Madrid)

Das bedeutendste Bauwerk Madrids aus der Zeit der Habsburger ist die **Plaza Mayor** (die älteste in Spanien). Philipp II. beauftragte Juan de Herrera, den Erbauer des El Escorial, mit der Anlage. Die Reiterstatue in der Mitte stellt allerdings Philipp III. dar, der den Platz vergrößern ließ. Das Pferd hatte übrigens ursprünglich ein offenes Maul. Man musste es schließen lassen, damit die Spatzen nicht hinein flogen und danach nicht mehr herauskamen.

Die wichtigsten Gebäude an dem Platz sind die soge- nannte Casa de la Panadería (Bäckergildehaus) – mit Fresken des Malers Carlos Franco an der Fassade – und die Casa de la Carnicería (Metzgergildehaus), deren Namen noch an ihre Funktion erinnern. Die Plaza Mayor hatte verschiedene Namen: Plaza de la Constitución, Real, de la República, de la República Federal und war schon immer Schauplatz der wichtigsten Ereignisse der Stadt; hier fanden Stierkämpfe, Heilig- und Rechtsprechungen statt. Der Platz wurde am 15. Mai 1620, anlässlich der Seligsprechung von San Isidro Labrador, dem Schutzpatron Madrids, eingeweiht.

Neben der Plaza Mayor liegt die Plaza de la Provincia mit dem **Palacio de Santa Cruz**, der Hofkerker, Justizpalast und Überseeministerium war, bevor dort das Auswärtige Amt untergebracht wurde. Geht man durch den **Arco de Cuchilleros** (der Name „Messerschmiede" erinnert an die vielen inzwischen verschwundenen Handwerkerläden in die- ser Straße), so gelangt man in ein Viertel mit vielen *Mesones* (darunter auch sehr folkloristische Lokale, wie die Cuevas de Luis Candelas) und *Tabernas* und zur Plaza de Puerta Cerrada (Geschlossenes Tor). Der Name stammt aus dem 16. und 17. Jh., als man den Platz schließen ließ, um dem Treiben von Gesindel Einhalt zu gebieten. Daneben liegt der **Markt San Miguel**, mit seiner originalen Eisenstruktur.

Auf der anderen Seite der Calle Mayor steht die **Pfarrkriche San Ginés**, zu der Lope de Vega und Quevedo gehörten. Darin befindet sich ein Gemälde El Grecos (Christus, die Händler aus dem Tempel vertreibend). Daneben, im Pasadizo de San Ginés, das meist fotogra- fierte Buchgeschäft Madrids, von dem einige behaupten, es habe schon im 16. Jh. existiert und sei von Lope de Vega bereits erwähnt worden, ein Mittelding zwischen Straßenstand und etabliertem Buchladen. In derselben Straße befindet sich der Palacio de Gabiria (19. Jh.), des- sen Wände mit Fresken und Glasfenstern ausgeschmückt sind. Das Gebäude war und ist berühmt wegen seiner Kleinläden, die sich darin niedergelassen haben und zu bil- ligeren Preisen als anderswo verkaufen.

Geht man die Calle Mayor hinunter in Richtung Calle Bailén – an der Nr. 61 erinnert eine Tafel daran, dass hier Calderón de la Barca gewohnt hat – so kommt man zur **Plaza de la Villa**. Hier ist einer der interessantesten und gleichzeitig unbekanntesten Bauten zu sehen: der **Torreón de los Lujanes** (Turm, 15. Jh.). Es heißt, hier sei der fran- zösische König Franz I. gefangen gewesen; nachdem er durch das Tor in der Calle del Codo eingetreten war, das daraufhin zugemauert wurde. Diese abgeknickte Straße war durch ihre Form der ideale Ort für Überfälle. Auf dem Platz selbst steht die **Casa de la Villa** (Rathaus), die **Casa**

Arco de Cuchilleros (oben) ▲
San Ginés (unten)
Mercado de San Miguel (Markthalle) (oben) ▶
Palacio de Santa Cruz (unten)

de Cisneros und die **Statue von Alvaro de Bazán** (er setzte in der Schlacht von Lepanto der Türkenherrschaft ein Ende). Die Plaza de la Villa wird gerne für Demonstrationen gewählt. An der Plaza Conde de Miranda, in der Nähe, steht der **Convento de las Carboneras**, mit wertvollen Gemälden, aber auch berühmt wegen der Süßigkeiten, die von den Nonnen in Klausur hergestellt werden. Und daneben, in der Calle San Justo, kann man die **Basilika San Miguel** (18. Jh.) besuchen.

Calle Mayor

Die **Calle Mayor**, „die größte Straße Spaniens" genannt, beginnt an der Puerta del Sol und endet an der Calle de Bailén, an der früheren Puerta de la Vega, wo der Viadukt steht – auch „Selbstmörderbalkon" genannt, da sich viele schon von dort hinab gestürzt haben. Um dies zu verhindern, ließ die Stadtverwaltung letzthin dort Glasscheiben anbringen. Daneben steht der **Palast der Herzöge Uceda**, heute Generalkapitanat und Staatsrat. Am Ende der Calle Bailén, in der Kirche **San Francisco el Grande** (18. Jh.), die von Sabatini im Auftrag von Karl III. fertiggestellt wurde, gibt es eine interessante Pinakothek im Kreuzgang. Der Name „el Grande" (der Große) entstand wegen der riesigen Kuppel, mit 32 Metern Durchmesser die größte in Madrid. Daneben, die **Kapelle Cristo de la Venerable Orden Tercera** (Barock, 17. Jh.).

Richtung Palast, liegen die **Plaza de la Armería** – mit der alten Apotheke – und die Grünanlagen der **Plaza de Oriente**, wo die beeindruckende **Statue Philipps IV**. steht, eine der besten Reiterstatuen der Welt, da das gesamte Gewicht auf den Hinterläufen des Pferdes ruht. Dieser König hat die Retiro-Gärten erweitern lassen.

Königspalast

Gegenüber der Plaza de Oriente erhebt sich der **Palacio Real**, früher Königs– und Ministerresidenz. Heute wird er nicht mehr bewohnt, kann aber besichtigt werden und wird für offizielle Empfänge genutzt. Statuen der spanischen Könige sollten ihn schmücken. Sie wurden jedoch entfernt – man sagt, weil eine Königin träumte, sie fielen auf den König herunter; der Großteil davon wurde in andere Städte gebracht, andere stehen in den Anlagen der Plaza de Oriente und im Retiro-Park.

San Francisco El Grande
Als Franziskus von Asisi 1214 in die Stadt kam, gründete er neben einer Quelle eine kleine Einsiedelei, aus der mit der Zeit eine Kirche und ein Konvent wurde, das Franziskanerkloster Jesús y María, wofür die bedeutendsten Madrider Familien Grabkapellen stifteten, um sich dort bestatten zu lassen.

Plaza de la Villa (oben) ▲
San Francisco El Grande (unten)
Plaza de la Villa (oben) ▶
Convento de las Carboneras (unten)

1737 begann man mit dem Bau des Königspalastes an der Stelle, wo der Alcázar stand, der drei Jahre zuvor von einem Brand zerstört worden war. Die Bauarbeiten dauerten beinahe dreißig Jahre und wurden von den Baumeistern Juan Bautista Sachetti, Ventura Rodríguez und Sabatini geleitet. Im Stil macht sich deutlich französischer Einfluss bemerkbar.

In der Liste der spanischen Könige befinden sich kurioserweise auch zwei präkolumbische Königsnamen: Moctezuma von Mexiko und Atahualpa von Peru. Die Figuren beider, mit spektakulärem Kopfputz, stehen heute auf dem Obergesims des Palastes.

Im 9. Jh. ließ der Emir von Córdoba, Mohammed I., hier die Festung des ursprünglichen Madrid errichten, um Toledo vor den Angriffen der Christen zu schützen; so steht es in alten Gedichten: „Madrid, berühmte Burg, die des Maurenkönigs Ängste lindert". Von der Burg ist nichts mehr übrig, aber an der heutigen Cuesta de la Vega sind noch Stücke der ehemaligen **arabischen Mauer** erhalten.

Daneben liegen die **Sabatini-Gärten**, wo früher die königlichen Reitställe waren, und weiter unten, der Campo del Moro. Auf der anderen Seite steht die **Kathedrale de la Almudena** und, an der Plaza de Oriente, das **Teatro Real**. Es wurde 1850 eingeweiht, dann war es fast fünfzig Jahre lang geschlossen, da Risse aufgetreten waren. 1966 öff-

Königspalast ▶
Kathedrale Almudena ▼

nete man es wieder als Konzertsaal für
das Publikum, musste es jedoch aber-
mals schließen, da man die
Untergrundbahn zu laut hörte. Von
1988 bis 1996 wurde die letzte
Reform durchgeführt, und heute ist es
eines der weltbesten Theater. Die
Rückfassade des Theaters geht auf die
Plaza Isabel II., wo die Statue der
Königin Isabella II. steht. Von diesem
Platz aus führt die Calle de Arrieta zur
Plaza de la Encarnación.

Monasterio de la Encarnación

Dieses Kloster war das erste bedeutende kirchliche
Bauwerk Madrids als Hauptstadt. Es wurde von Margarete
von Österreich, der Gemahlin Philipps III., gegründet und
beinhaltet wahre Schätze. Berühmt ist das Kloster jedoch,
da dort seit dem 17. Jh. eine Phiole mit Blut des hl.
Pantaleon verwahrt ist. Es heißt, jedes Jahr, am 27. Juli,
dem Tag der Enthauptung des Heiligen, würde dieses Blut
flüssig. Dies ist die berühmteste, aber nicht die einzige
Reliquie; denn es gibt derer etwa 7.000, darunter ein Fuß

> ### Ein Pferd im Gleichgewicht
> Wer sich fragt, wie es denn möglich
> sei, dass das Pferd auf der Plaza de
> Oriente sich aufrecht im
> Gleichgewicht halten kann, dem sei
> gesagt, dass Galileo Galilei den
> Künstler, Martínez Montañés, auf die
> Idee gebracht hat, den vorderen Teil
> hohl zu lassen und den hinteren aus-
> zufüllen. Eines der Flachreliefs auf
> dem Sockel zeigt Philipp IV., wie er
> Velázquez das Jakobskreuz verleiht.

Plaza de Oriente ▲
Campo del Moro ▶

und ein Bein der hl. Margarita, ein *Lignum Crucis* und ein Stück des Herzens des hl. Philipp Neri.

Neben dem Kloster befindet sich die Plaza de la Marina Española, mit dem Senatspalast, der Ende des 16. Jh. von Augustinermönchen gebaut wurde.

Convento de las Descalzas Reales

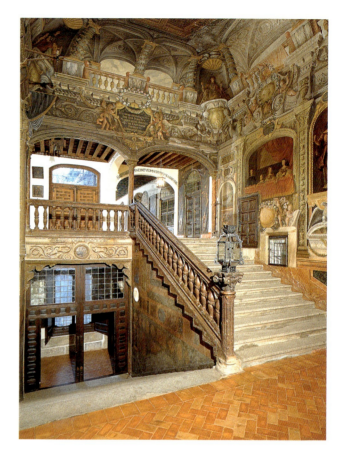

In der Nähe der Plaza de Santo Domingo und der Plaza del Callao liegt der **Konvent der Kgl. Barfüßerinnen**, mit dem entschieden größten Kunstschatz aller kirchlichen Bauten Madrids. Dieses Kloster heißt eigentlich Nuestra Señora de la Consolación. Hier kam Johanna, die Tochter des Kaiserpaares Isabella von Portugal und Karl V., zur Welt. Sie machte das Bauwerk, Mitte des 16. Jh., zu einem Kloster. Der Reichtum an Kunstwerken darin, vor allem Gemälde (Rubens, Tizian, Zurbarán ...) und Schmuckstücke (jedes mit seiner entsprechenden Geschichte) entstand durch Schenkungen der Regenten an ihre Töchter oder Schwestern, die hier – mehr oder weniger freiwillig – ihr Ordensgelübde ablegten. Die Äbtissin dieses Konvents wurde immer als Grande de España (Hochadel) angesehen. Höchstens 33 Nonnen dürfen hier leben, im Gedenken an die Lebensjahre Christi (33). Der Konvent kann als Museum besichtigt werden (ausgenommen die Räume der Klausur).

Calle Segovia

Geht man die **Calle Segovia** in Richtung Bailén, so kommt man an der **Plaza de la Cruz Verde** vorbei, wo von der Inquisition Autodafés abgehalten wurden. Von dem der Jägerin Diana gewidmeten Brunnen aus hat man einen schönen Ausblick. Daneben, in der Calle del Nuncio, steht die Kirche **San Pedro el Viejo** (15. Jh.) , mit einem **Mudéjar-Turm** aus dem 14. Jh. (einen weiteren Mudéjar-Turm gibt es an der Kirche San Nicolás de los Servitas). An der nahe gelegenen Plaza de la Paja steht die **Capilla del Obispo**, die einzige gotische Kirche in Madrid, an der vor allem die Türen im Plateresk-Stil zu erwähnen sind. Weitere Plätze, die einen Besuch wert sind: San Andrés, mit seiner Barockkirche **San Andrés** und die Plaza de los Carros, mit der **Capilla de San Isidro**, ebenfalls barock.

Am Ende der Calle Segovia kommt man unter dem Viadukt hindurch und zur **Segovia-Brücke**, die Philipp II. seinem Baumeister Juan de Herrera in Auftrag gegeben hat, um einen größeren Stadtzugang zu erhalten. Der Bau fiel so prächtig aus, dass er die Zeitgenossen zum Spott reizte; Lope de Vega ließ ironisch verlauten, dass die Stadt sich einen Fluss kaufen oder aber die Brücke verkaufen sollte.

Monasterio de la Encarnación (oben) ▲
Plaza de los Carros (unten)
Convento de las Descalzas Reales (oben) ▶
Puente de Segovia (unten)

Puerta del Sol

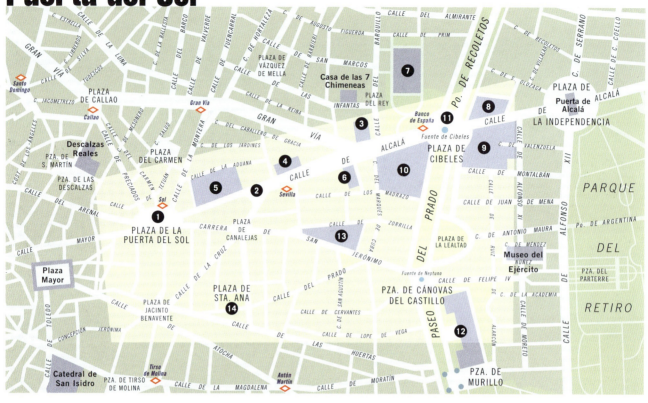

1. Puerta del Sol
2. Calle Alcalá
3. Parroquia de San José
4. Convento de las Calatravas
5. Ministerio de Hacienda und Academia de Bellas Artes
6. Círculo de Bellas Artes
7. Palacio de Buenavista
8. Palacio de Linares
9. Palacio de Comunicaciones
10. Banco de España
11. Cibeles (Kybele-Brunnen)
12. Museo del Prado
13. Congreso de los Diputados
14. Plaza de Santa Ana

Puerta del Sol ▶
Bär und Erdbeerbaum an der Puerta del Sol ◀

Puerta del Sol

Das Wappen des ehemaligen „Tores" zeigte eine Sonne, daher der Name. Auf der Südseite befindet sich das ehemalige Postgebäude (heute **Sitz der Comunidad de Madrid**). Daran ist die berühmte Uhr angebracht, mit deren zwölf Glockenschlägen die Madrider am 31. Dezember Neujahr feiern. Vor dem Gebäude ist auf dem Pflaster der populäre „Kilometer 0" zu sehen, der Beginn aller Radialstraßen, die in Madrid ihren Anfang nehmen, und lange Jahre Treffpunkt für viele, die zum ersten Mal nach Madrid kamen. Auf der gegenüberliegenden Seite des Platzes steht die beliebte Statue des Bären mit dem Erdbeerbaum aus dem Stadtwappen. 1995 wurde mitten auf dem Platz die Reiterstatue Karls III. aufgestellt.

Calle Alcalá

Man könnte sagen, dass Isabella die Katholische die Straße geschaffen hat, als sie Ende des 15. Jh. die Olivenhaine der damals sogenannten Caños de Alcalá fällen ließ, wo heute die Puerta de Alcalá und die Cibeles stehen, da sich dort die Banditen versteckt hielten, die Reisende anfielen. Die Straße lag lange Zeit außerhalb der Stadt und war ein einfacher Zufahrtsweg zur Altstadt. Unter Philipp II. entstand hier der erste Palast. In derselben Epoche ließ die hl. Teresa de Jesús den Konvent San Hermenegildo bauen, später dann, und bis heute **Parroquia de San José** (Pfarrkirche, Alcalá, 43) genannt. Anfang des 17. Jh. kam der **Convento de las Calatravas** (Konvent, Alcalá, 25) dazu, den Isabella II. später umbauen ließ. Unter den bedeutendsten Bauwerken sind zu nennen: das **Ministerio de Hacienda** (Finanzministerium, Alcalá, 3), nach Plänen von Sabatini und, daneben, die **Real Academia de Bellas Artes de San Fernando** (Kunstakademie, Alcalá, 13), ein von José Churriguerra geschaffener Palast. In der Nähe der Cibeles befindet sich eine der kulturellen Institutionen Madrids: der **Círculo de Bellas Artes** (Kunstverein). Man trifft sich gerne in seinem Café, vor oder nach einem Besuch der dort organisierten Ausstellungen. Gegenüber, bereits an der Ecke der Cibeles, wurde Ende des 18. Jh. der **Palacio de Buenavista** (heute Verteidigungsministerium) erbaut; man sagt, aus einer Laune der berühmten Enkelin des Herzogs von Alba heraus, Cayetana, die dem Maler Goya Modell stand und deren Porträts – Bekleidete und Nackte Maja – heute im Museo del Prado betrachtet werden können. An den anderen drei Ecken des Platzes stehen der **Palacio de Linares** (heute Casa de América – Amerikahaus), der **Palacio de Comunicaciones** (Post) und die **Banco de España** (Ende 19. Jh.).

Puerta del Sol (oben) ▲
Círculo de Bellas Artes (unten)
Palacio de Linares (oben) ▶
Banco de España (unten)

Plaza de la Cibeles

Postgebäude an der Plaza de la Cibeles (oben) ▶
Neptunbrunnen (unten)
Kybele -Brunnen ▼

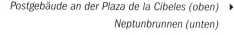

Auf der Kreuzung der Calle Alcalá und Castellana steht der Marmorbrunnen der Göttin Kybele, den Robert Michel 1781 geschaffen hat, ursprünglich mit Blick in Richtung Paseo del Prado, was man später in Richtung Puerta del Sol änderte. Dieser **Cibeles-Brunnen** ist ein weiteres Symbol für Madrid.

Der Paseo del Prado verläuft von hier aus bis zum Neptunbrunnen, ebenfalls – wie die Cibeles – nach einem Entwurf von Ventura Rodríguez entstanden. Fußballsiege feiern die Fans des Real Madrid bei der Cibeles, diejenigen des Atlético de Madrid, beim Neptunbrunnen. Nach diesem Brunnen kommt man zum **Museo del Prado**, einem Bauwerk aus dem 18. Jh. Bis zum 19. Jh. war hier die Academia de Ciencias (Akademie der Wissenschaften), danach wurde daraus ein Museum, mit einer der weltbesten Pinakotheken.

La Cibeles

Der berühmteste Brunnen Madrids wurde von Karl III. in Auftrag gegeben. Ventura Rodríguez entwarf die Figurengruppe, Robert Michel schuf aus weißem Stein aus Colmenar die Löwen und Francisco Gutiérrez, die Statue der Göttin Kybele. Die Wasser spritzenden Putten oder Amoretten kamen erst Ende des 19. Jh. dazu.

Congreso de los Diputados

Vom Neptun über die Plaza de las Cortes gelangt man zum **Abgeordnetenhaus**, das 1850 eingeweiht wurde. Die für die Fassade charakteristischen Löwen waren eigentlich in den Plänen nicht vorgesehen, außerdem sind die heutigen auch nicht die ursprünglichen. 1872 wurden sie aus 2.271 Einzelteilen, aus der Bronze von Kanonen gegossen, die man den Verlierern im Afrikanischen Krieg, 1860, abgenommen hatte.

Die Calle de San Jerónimo hinauf, kommt man in eine „Weingegend". Vorher sollte man aber einen Halt einlegen bei Lhardy, einem der ältesten Restaurants Madrids (seit 1839), und dort ein Consomé versuchen. Über die Calle Echegaray oder del Príncipe, beide voller typischer Kneipen, erreicht man die Plaza de Santa Ana, mit dem Teatro Español. Das Gebäude – ein Nationaldenkmal – wurde 1583 als Corral de Comedias gegründet, später dann überdacht, und 1802 erlitt es einen Brandschaden. 1807 öffnete es wieder seine Türen und seit Mitte des 19. Jh. heißt es **Teatro Español**. Später gab es weitere Brände und Restaurierungen. Und heute ist es ist es eines der ältesten und charakteristischsten Theater Madrids.

Lhardy

Dieses traditionelle Restaurant rühmt sich, das erste in Madrid gewesen zu sein, wo es Damen erlaubt war, ohne Herrenbegleitung zu erscheinen; dies war im Jahre 1885. Von ihm sprach bereits Benito Pérez Galdós, und hier wurden wichtige politische Ereignisse besprochen. In Lhardy kann man speisen, aber auch einfach an der Bar die berühmte Kraftbrühe zu sich nehmen.

Restaurant Lhardy ▲
Abgeordnetenhaus (oben) ▶
Calle Moratín (unten)

Puerta de Alcalá

Puerta de Alcalá

Kam man aus Aragón, so führte der Weg durch dieses Stadttor in die Hauptstadt. Die Figuren darauf, aus weißem Stein, der aus Colmenar stammt, kontrastieren mit dem grauen Granit des Bauwerkes. Masken und Löwenköpfe in den Bögen, Füllhörner über den rechteckigen Durchgängen und militärische Trophäen blicken in Richtung Cibeles. Auf der anderen Seite sind Kinderfiguren und ein riesiger Wappenschild zu sehen.

1. Puerta de Alcalá
2. San Jerónimo el Real
3. Cuesta de Moyano
4. Atocha

Puerta de Alcalá, Detail ▲

Puerta de Alcalá ▶

Puerta de Alcalá

Von den verschiedenen Toren des einstigen Madrid sind nur noch drei vorhanden: Puerta de Alcalá, de Toledo, und bereits außerhalb, de Hierro.

Die Puerta de Alcalá ist die bekannteste und gehört zum Erscheinungsbild Madrids. Lange Zeit hieß sie „Bogen Karls III.", diesem König zu Ehren, der sie während seiner Regierungszeit von Sabatini errichten ließ. Die Puerta de Alcalá ist der erste unter den modernen Triumphbögen, die die großen Städte schmücken sollten. Er ist älter als die bekanntesten seiner Art in Europa, wie das Brandenburger Tor in Berlin, das Siegestor in München oder der Triumphbogen von Paris. Bezahlt wurde er von der Bevölkerung Madrids durch eine Weinsteuer, die in den Tavernen erhoben wurde. Er hat fünf Durchgänge, drei mit Rundbögen, für die Wagen, und zwei seitliche für die Fußgänger. Die Bauarbeiten währten von 1770 bis 1778. An den Steinen sind heute noch die von der französischen Artillerie, 1808, verursachten Einschläge zu sehen. Wurden Schafe durch Madrid getrieben, so kamen sie auf ihrem Weg, der Cañada Real oder Cañada de la Mesta, hier vorbei. Davon zeugen zwei zu beiden Seiten des Platzes erhaltene kleine Marksteine aus Granit. Die Puerta de

La Cuesta de Moyano

Die Cuesta de Moyano und ihre drei-ßig grauen Buchstände gibt es hier schon seit 1925. Es werden zwar auch neue Bücher verkauft, aber immer noch gibt es viele gebrauchte, mit Notizen und Widmungen. Die meisten Buchhändler widmen sich nicht mehr dem Antiquariat, aber es ist immer noch möglich, wahre Kuriositäten und Bücher oder Zeitschriften zu erstehen, die einem alte Erinnerungen zurück bringen. Und alle Händler haben eine originelle Geschichte parat.

Obelisk (oben) ▶
Cuesta de Moyano (unten)
Monasterio de San Jerónimo el Real (Seite 35)

Alcalá ist nicht symmetrisch. Ihre beiden Frontseiten sind unterschiedlich; denn Sabatini legte Karl III. zwei Projekte vor und diesem gefielen alle beide.

Hinter dem Museo del Prado steht das **Kloster San Jerónimo el Real**. Das erste Kloster wurde von Heinrich IV. auf dem Weg zum Prado gegründet, später ließen es die Katholischen Könige an seinen heutigen Standort versetzen. Heute ist nur noch die Kirche davon übrig, in der bedeutende Persönlichkeiten Madrids gerne heiraten. Hier haben alle Prinzen von Asturien, von Philipp II. bis Isabella II., ihren Schwur abgelegt.

Geht man durch den Botanischen Garten, so erreicht man die **Cuesta de Moyano** (neben der Plaza de Atocha). Hier können Buchliebhaber an den grauen Ständen stöbern und bei antiquarischen, second hand oder neuen Büchern zu meist sehr günstigen Preisen fündig werden.

An der Plaza de Atocha steht die **Bahnstation Atocha**, der moderne Bau neben dem alten, einem Meisterstück der industriellen Architektur, aus Eisen und Glas, dessen endgültiger Plan 1888 genehmigt wurde. Wo früher die Gleise lagen, wurde ein subtropischer Garten angelegt.

Garten im alten Bahnhof Atocha ▶
Bahnhof Atocha ▼

Das Dreieck der Kunst

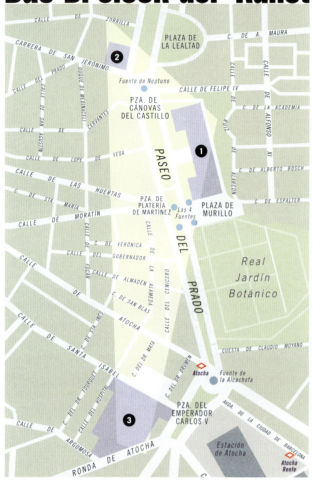

1. Museo del Prado
2. Museo Thyssen-Bornemisza
3. Museo Nacional Centro de Arte
   Reina Sofía

Velázquez-Statue ▲

Die Meninas, *von Velázquez* ▶

Ganz in der Nähe voneinander stehen die drei Hauptmuseen, die Madrid zu einer der Weltstädte der Kunst machen: Museo del Prado, Museo Thyssen und Centro Nacional de Arte Reina Sofía.

Museo del Prado

Das Museum ist eine der bedeutendsten Pinakotheken der Welt. Die Fassade des Gebäudes aus dem 18. Jh. blickt auf die berühmte Calle del Prado, von der es den Namen übernommen hat.

Im Erdgeschoß ist die Malerei der Romanik angesiedelt, außerdem gotische Altaraufsätze, hispano-flämische Gotik; spanische Malerei des 15. und 16. Jh. Die deutsche Malerei der Renaissance wird von Albrecht Dürer, Lucas Cranach und Holbein d. J. vertreten.

Unter den Flamen ist vor allem Hieronymus Bosch zu erwähnen (*Garten der Lüste*) und Brueghel.

Die vielfältige Sammlung italienischer Malerei in diesem Stockwerk beginnt mit den frühen Italienern, wie Fra Angelico, Botticelli und Mantegna. Die venezianische Malerei aus der späten Renaissance wird von einem beeindruckenden Tizian vertreten (*Kaiser Karl V. zu Pferde in der Schlacht von Mühlberg*), Tintoretto und Veronese.

Im ersten Stock ist die flämische Malerei des 17. Jh. zu finden, mit den drei Großen: Rubens (*Die drei Grazien*), Anthonis van Dyck und Jacob Jordaens. Die holländische Malerei des 17. Jh. vertritt Rembrandt und die spanische, José de Ribera, Zurbarán und Murillo.

El Greco, Velázquez und Goya

Das sind wohl *die* drei spanischen Namen im Prado.

Das Werk El Grecos ist im Erdgeschoß ausgestellt, darunter auch das bekannte Gemälde, *Edelmann mit Hand und Degengriff*.

Von Diego de Silva y Velázquez (erster Stock) ist nahezu das gesamte Œuvre vorhanden, darunter besonders zu erwähnen: *Die Meninas*, *Die Weberinnen* und *Die Trinker*.

Goya ist der Protagonist der spanischen Malerei des 18. Jh. Sein Werk ist zwischen dem 1. und dem 2. Stock aufgeteilt. Hier können, unter vielen anderen Arbeiten seine beiden *Majas* (die bekleidete und die nackte) bewundert werden, die *Familie Karls IV.*, *Die Erschießungen der Aufständischen*, seine Szenen aus dem Volk und seine Schwarzen Malereien.

Zum Museo del Prado gehört auch der Casón del Buen Retiro (ein Bauwerk aus dem 17. Jh.), wo spanische Kunst aus dem 19. Jh. ausgestellt Ist.

Velázquez im Museo del Prado

Er war der Hofmaler Philipps IV. Daher ist der Großteil seines Werkes in diesem Museum zu finden, das seinen Ursprung in der königlichen Sammlung hat. Hier gibt es etwa 50 Werke, darunter vor allem Gemälde von der Königsfamilie: Philipp IV., Prinz Balthasar Karl, Kardinal Infant don Fernando, Infant don Carlos, Infantin María... und, vor allem, eines seiner besten Werke, die Meninas, mit der Infantin Margarita als Hauptfigur.

Museo del Prado ▲
Bekleidete Maja, *von Goya (oben)* ▶
Nackte Maja, *von Goya (unten)*

Museo Thyssen-Bornemisza

Am Anfang des Paseo del Prado, an dem Platz des Neptunbrunnens steht der Palacio de Villahermosa (18. Jh.) mit der Thyssen-Bornemisza-Sammlung, für viele Kritiker die bedeutendste private Kunstsammlung der Welt.

Mit der Eröffnung des Museums, 1992, hatte man endlich erreicht, die Privatsammlung von Baron Thyssen, mit Werken alter und neuer Meister, dem Publikum zugänglich zu machen. Unter den alten Meistern sind vor allem die frühe deutsche Malerei (Dürer, Cranach und Holbein) zu erwähnen, die italienische (Ghirlandaio und Carvaggio) sowie eine gute Auswahl der holländischen Malerei des 17. Jh.

Bei der zeitgenössischen Malerei sind Werke des Impressionismus und des Postimpressionismus zu finden, der ersten Strömungen der Avantgarde in Europa (vom Kubismus und dem Futurismus bis zur geometrischen Abstraktion), des deutschen Expressionismus, der russischen Avantgarde und der nordamerikanischen Malerei aus dem 19. und 20. Jh. Letztere ist besonders erwähnenswert, da die amerikanische Malerei bis dahin (mit einigen Ausnahmen) in keinem der Madrider Museen anzutreffen war und hier die wichtigsten amerikanischen Strömungen aus diesen beiden Jahrhunderten vertreten sind, wie der abstrakte Expressionismus, pop art oder Hyperrealismus.

Museo Nacional Centro de Arte Reina Sofia

Es wurde 1986 eröffnet und befindet sich in dem ehemaligen Hospital San Carlos. Von seinen vier Stockwerken beherbergen das zweite und vierte die Permanente Ausstellung, mit Werken von der Jahrhundertwende (Ende 19. Jh.) bis zu den letzten Darbietungen der Kunst in unserer Zeit.

Im zweiten Stock sind die spanischen Maler von Anfang des 20. Jh. zu finden, Vertreter des baskischen *Regionalismo* oder des katalanischen *Modernismo* (Jugendstil). Der nächste Saal ist José Gutiérrez Solana gewidmet, mit dem überragenden Werk, *Tertulia im Café del Pombo*. Dann kommt der Kubismus, der Julio González gewidmete Saal und die Poetik des Surrealismus, mit Werken von Calder oder Arp. In diesem Stockwerk sind auch die Säle mit spanischer Skulptur, spanischer Malerei aus den zwanziger und dreißiger Jahren und Werken der wichtigsten spanischen Maler der Nachkriegszeit.

Im vierten Stock können Arbeiten der bedeutendsten spanischen Künstler aus den fünfziger Jahren bis in unsere Tage betrachtet werden: Tàpies, Chillida, Millares, Mompò, Esteban Vicente, Antonio Saura, Antonio López, Equipo Crónica, Eduardo Arroyo ... die sich diese Etage mit

Fran in der Badewanne, von Roy Lichtenstein ▲
© *Museo Thyssen-Bornemisza. Madrid*

Museo Thyssen-Bornemisza ▶

den großen Namen der internationalen Avantgarde der zweiten Hälfte des 20. Jh. teilen: Francis Bacon, Yves Klein, Dubuffet und Lucio Fontana.

Museo Nacional Centro de Arte Reina Sofia ▶

Guernica, *von Picasso* ▼

Picasso, Miró und Dalí

Diese drei spanischen Maler des 20. Jh. sind wohl Hauptanziehungspunkte des Museums.

Picasso ist im Museum gut vertreten, mit Gemälden aus verschiedenen Epochen und mit einigen seiner bekanntesten Skulpturen, wie *Der Mann mit dem Lamm*. Das Juwel dieser Sammlung ist jedoch *Guernica*. Seit 1992 ist dieses riesige Gemälde im zweiten Stock ausgestellt, umgeben von den vorbereitenden Skizzen dazu und Zeichnungen und Ölgemälden, die erst nach seiner Beendigung entstanden sind.

Nach den Picasso gewidmeten Sälen im zweiten Stock finden wir die Werke Salvador Dalís; davon sind einige sehr bezeichnend für die verschiedenen Perioden seines Schaffens, wie: *Mädchen am Fenster* oder *Der große Masturbator*.

Von Miró gibt es Werke aus seiner ersten Epoche zu sehen, wie *Das Haus mit der Palme* (1918), weitere aus den dreißiger Jahren, wie *Schnecke*, *Frau*, *Blume*, *Stern*, aber auch Spätwerke.

Zu erwähnen sei noch, dass sich im dritten Stock eine Bibliothek und ein gutes Dokumentationszentrum befinden.

Guernica

Es ist das Hauptwerk des Centro de Arte Reina Sofía und auch das berühmteste des bekanntesten spanischen Malers unserer Zeit. Es wurde 1937, mitten im spanischen Bürgerkrieg gemalt, und bringt Gewalt zum Ausdruck, ein Werk mit kubistischen Ansätzen, aber vor allem äußerst expressionistisch.

Die Gran Vía

1. Oratorio del Caballero
   de Gracia (Kapelle)
2. Telefónica (Telefongesellschaft)
3. Palacio de la Prensa
4. Edificio España (Hochhaus)
5. Torre de Madrid (Hochhaus)

◄ *Gran Vía*　　　　　　　　　　　　*Plaza de Callao* ►

Red de San Luis ▲
Kuppel des Gebäudes Metrópolis ▶

Von der Calle Alcalá bis zur Plaza de España verläuft eine weitere Hauptstraße Madrids: Die **Gran Vía**. Hier steht das **Oratorio del Caballero de Gracia** (Kapelle, 18. Jh.), der Überrest eines bekannten Klosters mit interessanten Gemälden und einer nicht weniger interessanten Legende. Um sie für sich zu gewinnen, habe ein Verliebter einer Dame einen Liebestrank verabreicht, habe dies aber bereut und sei dann Priester geworden. Er soll dieses Kloster mit dem Namen Caballero de Gracia gegründet haben und über hundert Jahre alt geworden sein.

Etwas weiter steht das Gebäude der **Telefongesellschaft**, 1929 der erste „Wolkenkratzer" Madrids. Kurz danach kommt man an die Plaza Callao, mit einem weiteren interessanten Gebäude, dem **Pressepalast** (Anfang 20. Jh., wie fast alle Gebäude dieser Straße). Die Gran Vía endet an der Plaza de España, mit zwei weiteren Hochhäusern, **Edificio España** und **Torre Madrid**. Von den oberen Stockwerken dieser Gebäude blickt man auf die Dächer der Gran Vía, mit oftmals seltsamen Statuen darauf, die von der Straße aus nicht sichtbar sind.

In der Calle San Leonardo, neben dem Edificio España, steht die **Kirche San Marcos** (18. Jh.), ein von Ventura Rodríguez geschaffenes und zum Nationaldenkmal erklärtes Bauwerk. Wir gehen weiter, durch die Calle Princesa und kommen zu einem kleinen Platz, mit dem Palacio de Liria, ebenfalls von Ventura Rodríguez. Das Gebäude, mit vielen Kunstwerken in seinem Inneren, wird von Nachkommen des Adelshauses de Alba bewohnt.

Gebäude Metrópolis ▶
Plaza de España ▼

Götter des Olymps auf Straßen und Dächern

Neben den Gottheiten, Kybele, Apoll und Neptun, denen Brunnen auf dem Paseo del Prado gewidmet sind, gibt es auf den Dächern Madrids noch einige mehr zu sehen; so z.B. auf dem Círculo de Bellas Artes, Minerva, mit Helm und Lanze, auf dem Ministerio de Agricultura (Landwirtschaftsmin.), Merkur, der Gott des Handels, den der Bildhauer kurioserweise auf ein geflügeltes Ross gesetzt hat; weiterhin gibt es verschiedene Phönix-Vögel und sogar ein Viergespann.

Das populäre Madrid

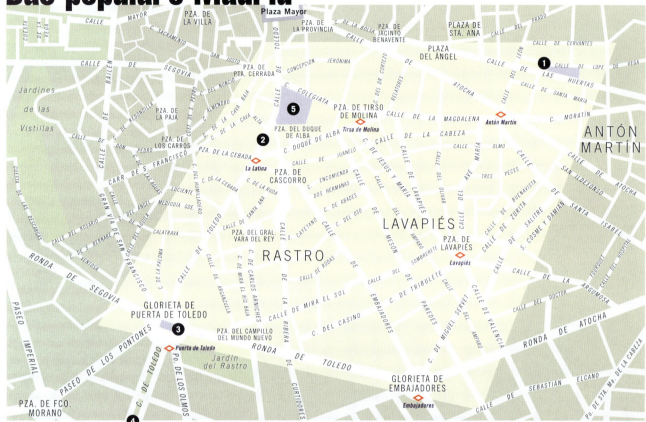

1. Convento de Trinitarias (Konvent)
2. Calle de Toledo (Straße)
3. Puerta de Toledo (Tor)
4. Puente de Toledo (Brücke)
5. Catedral de San Isidro

Antiquitätenhändler in El Rastro ▶
El Rastro (Seite 53)

Zwischen den Straßen Atocha und del Prado liegt die Calle Lope de Vega. In der Nr. 18, dem **Convento de Trinitarias**, ruhen die sterblichen Überreste von Cervantes, dem Schöpfers des Don Quijote. Der berühmte Dichter lebte in der Nr. 2 der nach ihm benannten parallelen Straße. In der Nr. 11 der Calle Cervantes war Lope de Vega zuhause (heute als Museum zu besichtigen).

Calle de Toledo

Diese Straße ist eine der ältesten der Stadt; denn sie war bereits im 13. Jh. ein Zugang zur Stadt. Sie beginnt an der Plaza Mayor. Die Nr. 49 ist die „Hausnummer" der **Kathedrale San Isidro**, das erste Beispiel in Madrid für den Baustil der Jesuiten (Mitte 17. Jh.). Nach der Vertreibung der Jesuiten wurde sie Stiftskirche und 1769 brachte man die sterblichen Überreste der Stadtpatrone, San Isidro und seiner Gemahlin, Santa María de la Cabeza, hierher. Sie sind in einer Silberurne verwahrt, eine Stiftung der Innung der Silberschmiede Madrids. Auf halber Höhe der Straße, auf dem Paseo de Ronda, steht die **Puerta de Toledo**. Joseph Bonaparte, Bruder von Napoleon, begann mit ihrem Bau und Ferdinand VII. beendete ihn. Der Bogen hat drei Durchgänge, und die Skulpturengruppe auf dem Monument stellt Spanien dar, eine üppige Matrone, als Schutzherrin der Wissenschaften und der Künste. Weiter bergab sieht man, über dem Fluss Manzanares, die **Toledo-Brücke**. Darauf stehen zwei kleine Kapellen im Churriguera-Stil, den Schutzpatronen Madrids, San Isidro Labrador und Santa María de la Cabeza geweiht.

Der Rastro

Von der Plaza de Cascorro bis zur Ronda de Toledo entfaltet sich alle Sonn- und Feiertage ein riesiger Straßenmarkt, ein Flohmarkt, auf dem einfach alles – immer unter Feilschen – verkauft wird. Der **Rastro** ist ein weiteres Kennzeichen Madrids. Der Name Rastro (dt.: Spur) entstand, weil die Polizei hier früher dem in Madrid gestohlenen Diebesgut auf die „Spur" kommen konnte. Auch heute sind viele Dinge, die hier verkauft werden, ungewissen Ursprungs. Das Gedränge wird gegen Mittag dann so groß, dass man in dem Straßengewirr des Rastro kaum noch vorwärts kommt.

Kathedrale San Isidro ▶
San Isidro (oben) ▼
El Rastro (unten)

Eloy Gonzalo
Ihn stellt die Statue auf dem Rastro dar und ihm ist auch eine Straße gewidmet; denn er war ein Kriegsheld im Krieg mit Kuba. 1896, während der Belagerung der Festung Cascorro, ließ er mittels einer Dose Petroleum eine feindliche Kanone explodieren, und so ist er dargestellt. Ein Jahr später starb er an Sumpffieber, im Alter von 21 Jahren.

Lavapiés

Dieses frühere Judenviertel ist eines der typischsten von Madrid. Letzthin haben sich viele Menschen asiatischen oder nordafrikanischen Ursprungs hier niedergelassen. Das Zentrum ist die Plaza Lavapiés und die **Kirche San Cayetano**, an der fast ein Jahrhundert gebaut wurde (1664-1761), mit einem bemerkenswerten barocken Portal. Typisch für Lavapiés sind die *Corralas* (früher in Madrid übliche Wohnblocks, deren Wohnungen alle über einen Balkon auf einen großen Innenhof blickten). Am besten erhalten findet man so ein Haus in der Calle de Tribulete, mit der Fassade auf Mesón de Paredes. Ebenfalls einen Besuch verdient die seit etwa zweihundert Jahren bestehende **Taverne von Antonio Sánchez**, mit Stierkampf-Ambiente ... und gutem Wein.

Von der Plaza de Lavapiés aus führt die Calle del Ave María zur Plaza de Antón Martín – eigentlich nur eine Verbreiterung der Calle Atocha –, die zu Zeiten Karls III. berühmt wurde, da hier der Esquilache-Aufstand stattfand. Esquilache war Minister Karls III. Er wollte lange Umhänge und breitkrempige Hüte verbieten, um somit nächtlichen Überfällen vorzugreifen. Ganz Madrid erhob sich gegen diese unbeliebte Maßnahme und bestürmte das Haus des Ministers, die Casa de las Siete Chimeneas. In der Nähe liegt die Plaza Tirso de Molina, ein weiterer Zugang zum Rastro.

Plaza de Lavapiés ▶

Die Castellana und das Viertel Salamanca

1. Plaza de Colón
2. Plaza de Emilio Castelar
3. Azca

Plaza de Colón ▶

Im Norden der Puerta de Alcalá erstreckt sich das „feine" Madrider Viertel, das **Barrio de Salamanca**. Hier sind die Straßen „chic": Ortega y Gasset, Serrano, Goya. In diesem Viertel sind ehemalige Bürgerpalais der Oberschicht Madrids erhalten, es gibt Kunstgalerien, viele gute Geschäfte und Modeboutiquen.

Der Paseo de la Castellana beginnt an der **Plaza de Colón**, benannt nach dem Entdecker Kolumbus, dessen Statue hier zu sehen ist. Der Name Castellana kommt von einem Brunnen, „der Kastilische"; er stand auf der heutigen Plaza de Emilio Castelar. Zu Beginn des 20. Jh. war die Castellana kürzer und stand voller Palais, die allerdings abgerissen und durch die heutigen funktionellen modernen Gebäude ersetzt wurden. Während der II. Republik leitete man das Wachstum Madrids bewusst, indem man die Castellana weiter nach Norden zog, wo später Nuevos Ministerios (Neue Ministerien) gebaut werden sollte. Noch weiter stadtauswärts (die Castellana ist über acht Kilometer lang) kommt man zum **Centro Azca**, auch bekannt als das „Manhattan" Madrids, 1968 eine echte städtebauliche Neuheit. Man wollte sogar unterirdische Fußgängerzonen schaffen. Am Ende der Castellana, praktisch am stadtansgang, stehen die modernen Torres Kio.

Das Barrio Salamanca ist seit langem eines der wichtigsten Geschäftsviertel der Hauptstadt. Sollte eine Straße besonders hervorgehoben werden, so ist das sicherlich Serrano. Zwischen den Straßen Serrano und Velázquez liegt der Großteil der luxuriösesten Geschäfte, darunter Haute Couture, Schmuck- und Antiquitätenhändler, aber auch berühmte Kunstgalerien.

Torres Kio, Plaza de Castilla ▲
Palacio de Congresos (oben) ▶
Schaufenster in der Calle Serrano (unten)

Centro Azca (Seiten 62 und 63)

Die Boulevards und das Universitätsviertel „Ciudad Universitaria"

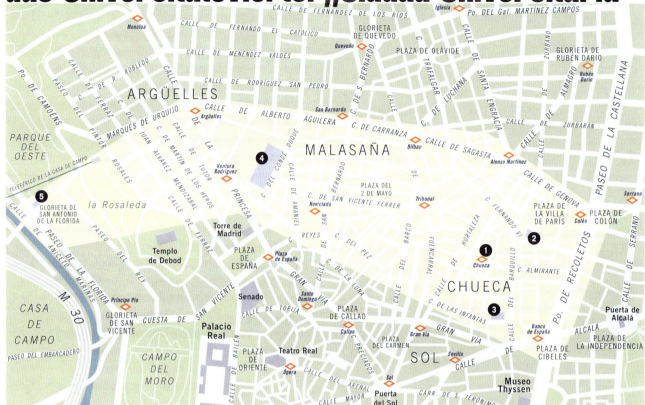

Was die Madrider *Bulevares* nennen, sind die ehemaligen Rondas, die von der Plaza de Colón bis zum Paseo de Rosales verliefen und, bis in die sechziger Jahre, einen mit Bäumen bestandenen Mittelstreifen hatten. Der erste Abschnitt ist die Calle de Génova, von Cólon zur Plaza Alonso Martínez, mit modernen Gebäuden, von denen die großzügigen Häuser des Adels verdrängt worden sind. An diesem Platz – wo Cervantes ein paar Szenen seiner Gitanilla spielen lässt, – ist, an der Ecke der Straße Almagro, noch eines der Gebäude aus dem aus dem 19. Jh. erhalten. Daneben liegt die Plaza de Santa Bárbara, mit einer typischen Trinkhalle, Treffpunkt der Jugend, sowie verschiedenen Bierkneipen. Die *Bulevares* gehen weiter über die Calle Sagasta bis zur Plaza de Bilbao, in deren Umgegend es viele Kinos gibt und auch das Café Comercial, eines der ältesten Madrids. Die Calle de Carranza bringt uns zum nächsten Platz, Ruíz Jiménez. Dort stand bis zu seinem Abriss, 1950, das ehemalige Krankenhaus Hospital de la Princesa, das bis dahin der höchstgelegene Punkt in Madrid war. Dann geht es weiter über die Calle Alberto Aguilera, nach dem Zivilgouverneur benannt, der den Parque del Oeste

1. Chueca
2. Las Salesas Reales
3. La Casa de las Siete Chimeneas
4. Conde Duque
5. Ermita de San Antonio de la Florida

Blick auf die Bulevares ▶

(Westpark) anlegen ließ. Hier fällt ein Gebäude im Neo-Mudéjar-Stil auf; es war lange Jahre eine Jesuitenschule. Diese Straße kreuzt die Calle Princesa – wir sind bereits mitten im Viertel Argüelles – und führt ab hier als Calle de Marqués de Urquijo bis Rosales und zum Parque del Oeste.

Zwei der Viertel mit dem meisten Nachtleben in Madrid, **Chueca** und **Malasaña**, liegen in der Nähe der Boulevards. Chueca, zur Gran Vía hin, besteht aus schmalen Straßen, die in die Plaza de Chueca münden. Dort wimmelt es von Bars und Tischen auf der Straße. Richtig lebendig wird es nach Sonnenuntergang; es ist vor allem das Ambiente der „Gays". In der Nähe steht die Kirche der **Salesas Reales** (18. Jh.), mit den von Sabatini geschaffenen Grabmalen der Könige Ferdinand VI. und Barbara von Bragança. In diesem Viertel ist auch das Kultusministerium, ein merkwürdiges Gebäude, bekannt als **Casa de las Siete Chimeneas** (Haus mit den sieben Schornsteinen).

Das Viertel Malasaña (früher Maravillas) breitet sich um die Plaza del Dos de Mayo aus. Hier ist immer etwas los. Zwischen Kneipen und kleinen Restaurants gibt es kleine Läden. Der Bogen auf der Mitte des Plazes, mit den Heldenfiguren Daoíz und Velarde, erinnert an die Kaserne Monteleón, die bei dem Aufstand der Madrider gegen Napoleons Soldaten, 1808, zerstört wurde.

Plaza de Chueca ▶
Sta.-Barbara-Kirche (oben) ▼
Casa de las Siete Chimeneas (unten)

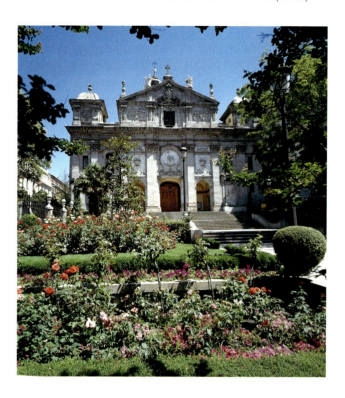

La Casa de las Siete Chimeneas

An der Plaza del Rey, neben dem heutigen Kultusministerium, steht das sogenannte Haus mit den sieben Schornsteinen. Es ist eines der ältesten Bauwerke von Madrid. Der Arzt Philipps II. ließ es für seine - den Gerüchten nach - leichtlebige Tochter bauen, die er so schnell wie möglich verheiraten wollte. Das Haus wurde mit sieben Kaminen versehen, damit die künftige Gemahlin - so sagt man - nicht den sieben Todsünden verfallen sollte. Die Arzttochter starb kinderlos; und eine Zeitlang hieß es, in dem Haus spukte es. Dann kaufte es der Marqués de Esquilache, jener Minister, der den Madridern die langen Umhänge verbieten wollte, die ihm dann während ihres Aufstandes beinahe das Haus anzündeten.

Auf der anderen Seite der Calle San Bernardo liegt das Viertel Conde Duque und die **Kaserne Conde Duque** (18. Jh.), mit einer interessanten barocken Fassade. Heute werden in dem Gebäude Konzerte und Ausstellungen veranstaltet. Es gibt darin ein Zeitungsarchiv und andere städtische kulturelle Einrichtungen.

Argüelles, das Studentenviertel

Das Studentenleben spielt sich in der Gegend des Viertels **Argüelles** ab, mit vielen Studentenkneipen, da die **Ciudad Universitaria** (Studentenstadt) ganz nah und von den Wohnhäusern nur durch den Parque del Oeste getrennt ist. Das älteste Gebäude der Ciudad Universitaria ist die Escuela Superior de Ingenieros Agrónomos. Es stand als einziges bereits, als die Studentenstadt angelegt wurde. In Argüelles steht auch die Casa de las Flores, ein ganzer Häuserblock, aus dem Jahr 1931, der als Musterarchitektur stehen geblieben ist; wegen seiner Gartenanlage im inneren Bereich. In einer der Wohnungen darin hat – wie eine Tafel vermerkt – der chilenische Dichter Pablo Neruda gelebt. Ganz in der Nähe stehen der Arco de Triunfo (Triumphbogen) und der Faro de la Moncloa. Letzterer ist ein 90 Meter hoher Turm aus rostfreiem Stahl, mit einer Aussichtsplattform darauf.

Unterhalb von Argüelles – nach dem Durchqueren des Parque del Oeste – liegt der Fluss Manzanares und daneben, am Paseo de San Antonio de la Florida, die **Ermita de San Antonio de la Florida** (19. Jh.). Diese Kirche wurde zum Nationalmonument erklärt. Die Fresken in der Kuppel, mit dem Wunder des hl. Antonius, hat Goya gemalt.

Puerta de Hierro

Außerhalb von Madrid, an der Autobahn Madrid - Coruña, steht der dritte Tor Madrids, „Eisentor" genannt, da Eisengitter seine drei Durchgänge zieren, von denen einer mit einem Rundbogen versehen ist. Über dem Bogen und dem Frontispiz sind, neben anderen militärischen Symbolen, die Wappen Spaniens zu sehen. Ferdinand VI. ließ ihn errichten, um seine Besitzungen im Pardo einzugrenzen; denn die Bauern hatten protestiert, da das Wild des königlichen Jagdreviers die Felder verwüstete.

Plaza de Guardias de Corps ▲
Ermita de San Antonio de La Florida (oben) ▶
Cuartel de Conde Duque (unten)

Parks und Gärten

Parque del Retiro

Zu Zeiten der Katholischen Könige lebte eine Mönchsgemeinschaft, Hieronymiter, am Ufer des Manzanares; eine ungesunde Gegend, daher baten sie das Königspaar um ein neues Kloster. Diese schenkten ihnen das Real Monasterio de San Jerónimo und nutzten den Ort selbst auch für ihren spirituellen Rückzug (Retiro = Rückzug, daher der Name).

Anlässlich seiner Vermählung mit Anna von Österreich schenkte Philipp II. ihr einen Teich auf dem Besitz des Klosters, der in zwei Tagen fertiggestellt wurde. Unter Philipp IV. ließ Conde Duque de Olivares den Retiro erweitern. Dabei wurde aus den ehemaligen Königsgemächern ein Palast und aus dem Gemüsegarten der Mönche ein Park. Der Teich wurde vergrößert und mit Anlegestegen für Boote versehen. Der Retiro wurde zu einem Schauplatz für königliche Feste, und das gemeine Volk hatte natürlich keinen Zutritt.

Auf einem der kleinen Plätze des Paseo de Coches (Kutschenweg) steht das in der Welt wohl einzige dem Teufel gewidmete Denkmal, ein Werk des Bildhauers Ricardo Bellver. Der Titel, *Der gefallene Engel*, nimmt dem Thema allerdings die Schärfe. Der Künstler schuf auch die

Palacio de Cristal ▶

Statuen der hll. Andreas und Paulus in der Kirche San Francisco el Grande. Ein weiteres Kuriosum ist die romanische Kapelle, in der Nähe des Paseo de Coches, die im 19. Jh., anlässlich der Säkularisierung von Avila, hierher gebracht wurde.

Die Gärten im Retiro-Park sind die ältesten Europas; denn sie entstanden bereits zwischen 1633 und 1640. Aus aller Welt wurden Bäume und Pflanzen hierher gebracht und zwei Teiche angelegt: der Grande (große) und der Ochavado (achteckige), heute de las Campanillas (Glöckchenteich) genannt. Weiterhin erwähnenswert sind die beiden großen Bauten, die für Ausstellungen genutzt werden: der **Palacio de Cristal** und der **Palacio de Velázquez**.

Der Retiro ist in sieben Bereiche eingeteilt: Parterre, Estanque, Monte de los Gatos, Jardines de Don Cecilio, Rocalla, Oberservatorio Astronómico und La Chopera. Im Bereich des Parterre steht der interessanteste Baum des Parks, ein wertvolles Zypressenexemplar (*Taxodium mucranatum*), mit seinen 400 Jahren der älteste Baum von Madrid.

> **Der gefallene Engel**
> Es heißt es sei das einzige dem Teufel gewidmete Denkmal. Sein Schöpfer, Ricardo Bellver - übrigens mit verkümmerten Fingern - hat es in Rom angefertigt und in Paris präsentiert, was einen Riesenskandal auslöste. Zurück in Spanien, erreichte Bellver, dass das Werk in Bronze gegossen und auf dem Paseo de Coches im Retiro aufgestellt wurde. Der Zeitpunkt - das Jahr 1881 - mitten in der Restauration, hatte sicher etwas damit zu tun.

Parque del Oeste

Nach dem Retiro ist er der zweitgrößte Park, mit geschlängelten Wegen, kleinen gewundenen Bächlein, fast klassizistisch anmutend, und kleinen künstlichen Kaskaden. Begrenzt wird er durch den Laubwald der Moncloa, die Ciudad Universitaria und den Paseo de Rosales. Vor ein paar Jahren kam die damalige Montaña del Príncipe Pío dazu, wo sich heute die Rosaleda (Rosengarten) befindet – was nicht allgemein bekannt ist – und der ägyptische **Templo de Debod**. Der Tempel ist ein Geschenk des ägyptischen Gouverneurs, 1968, eine Danksagung an Spanien für die Unterstützung bei der Rettung von großen Tempeln, die sonst im Stausee von Assuan verschwunden wären. Im Parque del Oeste befindet sich, in der Nähe der Bahnlinie, ein kleiner Friedhof, wo von den Franzosen 1808 erschossene Madrider Bürger begraben liegen.

Campo de Moro

Dieser hinter dem Königspalast gelegene Park erhielt den Namen Mohrenfeld, da dort, während einer der Kriegsschlachten zwischen Arabern und Christen, die Truppen von Emir ben Yusuf gelagert hatten.

Estanque del Retiro (Teich) ▸
El Ángel Caido (Der gefallene Engel) ▾

Templo de Debod

Dieser Tempel stammt vom Ende des ägyptischen Imperiums, als der Einfluss der griechisch-römischen Kultur bereits erloschen war (er ist von den Kaisern Trajan und Adrian besucht worden). Früher stand er in Nubien, einer Region im Süden Ägyptens, am Wege der Karawanen nach dem heutigen Sudan, 20 km von der Insel Philae im Nil entfernt. 1968 erhielt Spanien den Tempel zum Geschenk, als Dank für die Hilfe bei der Rettung von nubischen Monumenten, als der Staudamm von Assuan gebaut wurde. Die Steine wurden 1970 hierher gebracht und der Tempel 1972 wieder aufgebaut.

Jardín Botánico

Karl III. ließ den Botanischen Garten anlegen, der nun über 150.000 Bäume aus den entlegensten Winkeln der Welt beherbergt. Es gibt auch eine Bibliothek und einen Wintergarten, der heute für Ausstellungen genutzt wird.

Fuente del Berro

Dieser Park ist kaum bekannt, daher ideal für kleine Spaziergänge.

Casa de Campo

Und schließlich ist da, am Ufer des Manzanares, der Park Casa de Campo, mit seinen 1.722 ha. Er ist die größte Grünzone Madrids. Darin gibt es einen See, mit Bootsvermietung und Lokalen darum.

Auch im Parque Zoológico (Zoo) oder im Parque de Atracciones (Vergnügungspark) verbringen die Madrider gerne ihre Freizeit.

See in der Casa de Campo ▶
Jardín Botánico (Botanischer Garten) ▼

Die Umgebung von Madrid

El Pardo

Zehn Kilometer von Madrid entfernt liegt das Dorf **El Pardo**, seit 1951 eingemeindet. Es heißt, man besuche den Pardo aus drei Gründen: wegen seines Palastes, seines Christus und seiner Gastronomie. Der Palast war eigentlich ein Jagdschlösschen, seit der Trastamara-Dynastie bis Ende des 17. Jh., als er umgestaltet und Sabatini mit dem Bau des heutigen Palastes beauftragt wurde. Der Palast war Königsresidenz, und nach dem spanischen Bürgerkrieg wohnte General Franco darin. Seit 1983 ist er für Besichtigungen geöffnet. Unter seinen vielen Schätzen sind vor allem die Wandteppiche (über 200, fast alle aus dem 18. Jh.) zu erwähnen und die Uhrensammlung. Das Dorf liegt mitten im Monte de El Pardo, einem Wald aus Steineichen und Eichen, der zum Patrimonio Nacional gehört und wo sich Hirsche, Wildschweine und Damwild frei bewegen.

Der Pardo

Er war das bedeutendste Jagdrevier der Könige, und hier porträtierte Velázquez die Familie Philipps IV. in Jägertracht, mit dem Palast im Hintergrund. Später ließ Philipp V. die Capilla de Corte (Hofkapelle) bauen. Unter Ferdinand VI. wurde alles eingefriedet und das Tor „Puerta de Hierro" aufgestellt, der Hauptzugang. Das heutige Gebäude entstand durch Sabatini, im Auftrag von Karl III.

Palacio de El Pardo ▶

Alcalá de Henares

In **Alcalá de Henares** (33 km) gründete Kardinal Cisneros in der Renaissance die Universidad Complutense. 1998 erklärte die Unesco den Komplex der Universität zum Weltkulturerbe. In Alcalá sind, außer der Antigua Universidad (Renaissance, Anfang 16. Jh.), folgende Bauten zu erwähnen: Capilla de San Ildefonso (15. Jh.), Capilla del Oidor (16. Jh.), Iglesia de los Santos Justo y Pastor (Ende 16. Jh.), Palacio Arzobispal (Erzbischöfl. Palast, gegründet im 13., reformiert im 16. Jh.), Casa de Cervantes (Cervantes-Haus, heute Museum), Convento de las Bernardas (17. Jh.), Stadtmauer und Museo de Escultura al Aire Libre (Freiluftmuseum).

Aranjuez

Aranjuez (47 km) ist bekannt durch seine Paläste und Gärten. Der Palacio Real, in dem jahrelang ausländische Staatsoberhäupter untergebracht wurden, ist heute für das Publikum geöffnet. Erwähnenswert darin sind zahlreiche Kunstwerke, darunter auch die Haupttreppe, der Porzellansaal, das Schlafgemach der Königin und der Salon mit chinesischen Gemälden. Auch die Gärten aus dem 18. Jh. sollte man sich ansehen, vor allem den Jardín del Príncipe.

Universidad de Alcalá de Henares ▸
Fassade der Universidad de Alcalá de Henares ▾

Königspalast in Aranjuez (nächste Seite)

Chinchón

Chinchón (45 km) ist gleichzusetzen mit „*Anís, Plaza und Mesón*". Es ist berühmt für seinen Anisschnaps und -likör und seine Gastronomie (am Wochenende strömen die Madrider hierher, um in den Mesones Bohnen, Sopa castellana oder Fleischgerichte zu essen). Der wunderschöne kastilische Dorfplatz, mit typischen Arkadengängen, ist die am besten erhaltene Plaza Mayor in der gesamten Madrider Provinz. Hier spielt sich alles ab, von Darbietungen in der Karwoche bis zu Stierkämpfen (seit Anfang des 16. Jh.). In der Kirche de la Asunción gibt es ein Gemälde von Goya, ein Geschenk des Malers an seinem Bruder, der hier Pfarrer war.

San Lorenzo de El Escorial

San Lorenzo de El Escorial (49 km) liegt in der Sierra de Guadarrama, und die Madrider haben dort schon immer gerne den Sommer verbracht. Alles dreht sich um das gewaltige Kloster, dessen Bau Philipp II. Juan de Herrera in Auftrag gegeben hatte, im Gedenken an einen Sieg gegen die Franzosen. Zu dem Bauwerk – in Form eines Rosts, zu Ehren an den hl. Laurentius, der auf einem Rost gemartert wurde – gehört nicht nur das Kloster, sondern auch die Kirche, das Königliche Pantheon (die Gruft der spanischen Monarchen), die Bibliothek, der Palast und die Museen.

Chinchón ▶
Chinchón ▼

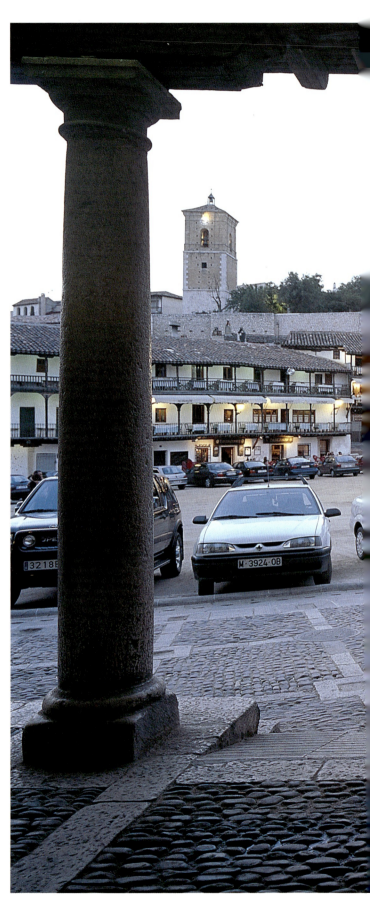

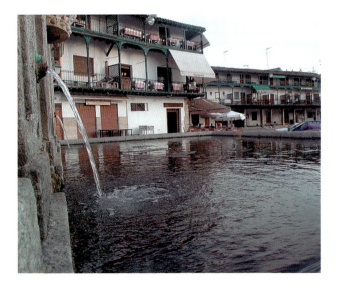

Monasterio de San Lorenzo de el Escorial (nächste Seite)

Kultur und Freizeit

Feste

Historisch gesehen, hat Madrid schon immer gerne Gelegenheiten für Feste genutzt. Das ging soweit, dass man im 17. Jh. durch einen päpstlichen Erlass die dem Vergnügen gewidmeten Tage beschränken musste, so dass danach - außer den Sonn- und Festtagen, den Tagen der Schutzpatrone, den königlichen oder nationalen Feiertagen - „nur" noch über zwanzig übrig waren. Mit der Zeit gingen einige davon verloren. Aber es gibt noch genug Gelegenheit zum feiern. Das sieht im Kalender so aus:

- 5. Januar - **Einzug der Hl. Drei Könige**. Dreistündiger Umzug durch die Straßen der Stadt (denn in Spanien bringen die Drei Könige die Geschenke).

- 17. Januar - **St. Anton** (Hortaleza). Die „Vueltas de San Antón". Dabei werden in der Kirche der Calle Hortaleza die Tiere gesegnet. Früher waren es Pferde und Maultiere, heute sind es Hunde und Katzen. Und es gibt noch die St.-Anton-Brötchen, aus der Zeit der Mauren.

- Februar/März - **Karneval**. Umzug und „Beerdigung der Sardine". Die verrückte Zeit des Karnevals wird in Form einer Sardine beerdigt und die ernste Fastenzeit beginnt.

- März/April - **Karwoche**. Vielerlei religiöse Prozessionen und Festlichkeiten in Madrid.

- 2. Mai - **Dos de Mayo** (Malasaña). Tradition der „Mayas" im Viertel Lavapiés. Man feiert die Befreiung von Napoleons Armee. Festzug von Truppen in historischen Uniformen und Konzerte auf der Plaza del Dos de Mayo.

- Woche des 15. Mai - **San Isidro**. Die Festlichkeiten des Stadtheiligen dauern eine Woche (Feiertag am 15. Mai), mit Straßenfesten, Stierkampf, Konzerten, Prozession und Romería (eine Art Wallfahrtspicknick) auf der Wiese des „heiligen Landmannes", Isidro. Es heißt, dass hier das für die spanische Gastronomie so bezeichnende Gericht, die Tortilla (Kartoffelomelett), entstand.

- 13. Juni - **San Antonio de la Florida**. In der Ermita de San Antonio. Kirchweihfest und Gelegenheit für die Mädchen, Antonius um einen Verlobten zu bitten.

- 29. Juni - **San Pedro**. Kirchweih im Viertel Carabanchel Alto.

- 1. Sonntag im Juli - **Nuestra Señora de las Victorias**, im Viertel Tetuán.

- 16. Juli - **Virgen del Carmen**. Kirchweih in Chamberí, Villaverde und Vallecas.

- 25. Juli - **Santiago** (Jakobus). Kirchweih im Viertel Carabanchel Bajo.

- 7. August - **San Cayetano**. Kirchweih im Viertel Lavapies.

- 10. August - **San Lorenzo**, im Viertel Argumosa.

- Woche des 15. August - **Virgen de la Paloma**, im Viertel Paloma. Eines der beliebtesten Feste, mit Prozession der Marienfigur.

- 9. November - **Virgen de la Almudena**, Schutzpatronin von Madrid.

- 14. November - **Romería de San Eugenio**. Beliebte Romería, die man als solche wiederbelebt hat. Man zieht in den Pardo, sucht dort Eicheln, und es wird die Schlechtwetterperiode angekündigt.

- 31. Dezember - **Sylvester an der Puerta del Sol**. Mit jedem der zwölf Glockenschlägen zu Mitternacht an der Puerta del Sol isst man eine Weintraube und denkt gleichzeitig einen Wunsch für das neue Jahr.

Museen

Museo del Prado
Hier befinden sich die besten Werke von Velázquez, El Greco und Goya, weiterhin italienische Malerei, mit Tizian, Tintoretto und Veronese; auch die flämische Schule ist mit Hieronymus Bosch und Rubens sehr gut vertreten. Zu dem Museum gehört der Casón del Buen Retiro, mit spanischer Kunst aus dem 19. Jh.
Paseo del Prado s/n. - Metro: Banco de España. - Tel. 91 420 37 68
http://museoprado.mcu.es

Museo Nacional Centro de Arte Reina Sofía
Zeitgenössische Kunst aus dem 19. und 20. Jh. U.a. Werke von Picasso, Dalí, Miró, Tápies und Gargallo.
C/Santa Isabel, 52. - Metro: Atocha. - Tel. 91 467 50 62
http://museoreinasofia.mcu.es

Stierkampfarena Las Ventas ▼

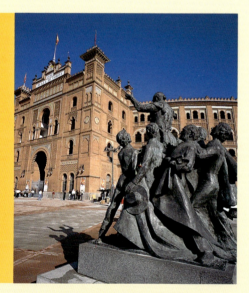

Die Welt des Stierkampfes

Madrid war schon immer dem Stierkampf verbunden. Bis zum 17. Jh. war die Plaza Mayor der Schauplatz vieler Stierkämpfe. Die erste Plaza dafür, in der Nähe der Puerta de Alcalá, entwarf Ventura Rodríguez. Ab 1874 war die Arena dann dort, wo heute der Palacio de Deportes steht, in der Nähe des Viertels Salamanca. Die dritte Plaza, die heutige Monumental de las Ventas, in der Art des Neomudéjar-Stils, wurde 1934 eingeweiht und hat Platz für 23.000 Zuschauer und eine Arena mit 60 Metern Durchmesser. Außer den Stierkämpfen finden dort auch Musik- und Theaterveranstaltungen statt. Die vier Skulpturen sind Antonio Bienvenida, dem Yiyo, Doktor Fleming und dem sogenannten Encierro gewidmet. Im Inneren befindet sich das Stierkampfmuseum, wo der Anzug zu sehen ist, den Manolete trug, als er in der Arena vom Stier tödlich verletzt wurde, weiterhin der Kopf des Stieres, der Espartero tötete und viele alte Anschlagplakate. Die wichtigsten Stierkämpfe finden anlässlich des Festes des Schutzpatrons Madrids, San Isidro, im Mai, statt. Weitere Stierkampfarenen Madrids liegen in den Vierteln Leganés und Vista Alegre.

Museo Thyssen-Bornemisza

Eine Privatsammlung der Familie Thyssen und 775 Gemälde, die der spanische Staat für die Ausstellung im Palacio Villahermosa zur Verfügung stellt, spiegeln die Kunstgeschichte Europas wider.
Paseo del Prado, 8. - Metro: Banco de España. - Tel. 91 369 01 51
http://www.museothyssen.org

Museo Arqueológico Nacional

Dieses erste archäologische Museum in Spanien, 1867 gegründet, behandelt die Zeit von der Vorgeschichte bis in die Moderne (16.-19. Jh.), mit hauptsächlich spanischen Funden, aber auch bedeutenden ausländischen Objekten, oftmals von archäologischen Kampagnen.
C/Serrano,13. - Metro: Serrano - Tel. 91 577 79 12

Museo Real Monasterio de la Encarnación

Das Kloster Encarnación, in dem heute noch Nonnen in Klausur leben, wurde 1965 als Museum zugänglich gemacht. Vor allem religiöse Malerei und Porträts der Kgl. Familie, aber auch Skulpturen, vor allem von Gregorio Hernández. Reliquiariensaal.
Plaza de la Encarnación, 1. - Metro: Ópera - Tel. 91 542 00 59

Monasterio de las Descalzas Reales

In diesem Kloster-Museum sind vor allem die flämischen Wandteppiche und die Sammlung mit religiöser Malerei (Werke von Claudio Coello, Rubens, Murillo, Ribera, Tizian und Zurbarán) zu erwähnen.
Plaza de las Descalzas s/n. - Metro: Callao - Tel. 91 559 74 04

Museo de la Real Academia de Bellas Artes de San Fernando

Bedeutende Gemäldesammlung von spanischen Malern: Goya, Zurbarán, Ribera und Velázquez, sowie von auswärtigen Malern: Rubens, Lucas Jordano oder Van Dyck. Nationale Kupferstichsammlung.
C/ Alcalá, 13. - Metro: Sol - Tel. 91 522 14 91

Museo de América

Im Amerika-Museum sind Gegenstände aus der Kultur des amerikanischen Kontinents zu finden, wie Handschriften der Mayas oder der Schatz der Quimbayas.
Avenida de los Reyes Católicos, 6. - Metro: Moncloa - Tel. 91 549 26 41

Museo de Ciencias Naturales

Das Museum für Naturwissenschaften ist im ehemaligen Palacio de Exposiciones de las Artes de la Industria, der im Jahre 1887 errichtet wurde, untergebracht. Darin befinden sich über sechs Millionen Stücke aus der Mineralogie, Paläontologie, Prähistorie, aber auch bezüglich Insektenkunde, Wirbellose, Vögel und Säugetiere.
C/José Gutiérrez Abascal, 2. - Metro: Gregorio Marañón - Tel. 91 411 13 28

Museo Municipal

Ein Gebäude aus dem 18. Jh., früher Hospiz, mit auffallender Fassade, beherbergt das Städtische Museum, mit der Geschichte Madrids in Bildern, Plänen, Gemälden und Stichen.
C/Fuencarral, 78. - Metro: Tribunal - Tel. 91 588 86 72

Museo Sorolla

Das Sorolla-Museum ist ein bezauberndes kleines Palais, von 1911, wo der Maler bis zu seinem Tode (1923) lebte. Heute ist es ein nach ihm benanntes Museum, wo seine bedeutendsten Werke ausgestellt sind.
C/Martínez Campos, 37. - Metro: Rubén Darío - Tel. 91 310 15 84

Museo Nacional de Ciencia y Tecnología

Das in der ehemaligen Station Delicias untergebrachte und 1997 eingeweihte Nationalmuseum für Wissenschaft und Technik beherbergt eine der europaweit besten Sammlungen von wissenschaftlichen Instrumenten.
Paseo Delicias, 61. -Metro: Atocha - Tel. 91 530 31 21

Museo Romántico

Im Romantischen Museum, einem Palast aus dem 18. Jh., gibt es Objekte, wie Möbel, Gemälde, Bücher, Keramik, Fächer und Porträts von Persönlichkeiten aus der Romantik zu sehen.
C/San Mateo, 13. - Metro: Tribunal - Tel. 91 448 10 71

Museo del Palacio Real

Das grandiose Bauwerk des zu besichtigenden Königspalastes hat 44 Treppen, 240 Balkone und 870 Fenster. Vor allem ist die Haupttreppe zu erwähnen, ein Werk Sabatinis, der Thronsaal, mit seiner Originalausstattung aus Zeiten Karls III. und Werken von Tiepolo, der Galaspeisesaal und die Kapelle. Daneben ist die Kgl. Apotheke zu besichtigen, das erste Museum dieser Art in Spanien.
C/Bailén s/n. - Metro: Ópera - Tel. 91 542 00 59

Real Fábrica de Tapices

Die Kgl. Teppichmanufaktur ist in einem Gebäude im Neomudéjar-Stil (Ende 19. Jh.)

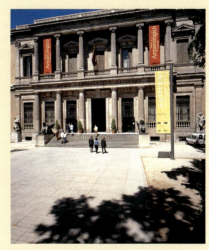

Archäologisches Museum ▲

untergebracht. Es ist ein „lebendiges" Museum, wo weiterhin Wandteppiche in der traditionellen Art des Kunsthandwerks hergestellt werden, mit den früheren Webstühlen und nach dem althergebrachten Verfahren.
C/Fuenterrabía, 2. - Metro: Menéndez Pelayo - Tel. 91 551 34 40

Veranstaltungen

Teatro Real
Plaza de Oriente, 1. - Metro: Ópera.
Tel. 91 516 06 60
Oper und Ballett.

Auditorio Nacional de Música
Príncipe de Vergara, 146. - Metro: Cruz del Rayo. Tel. 91 337 01 00
Klassische Musik.

Teatro de la Zarzuela
C/ Jovellanos, 4. - Metro: Sevilla.
Tel. 91 524 54 00
Zarzuela (span. Operette) und Ballett.

Corral de la Morería
Morería, 17. Tel. 91 365 84 46. Flamenco.

Madrid mit Kindern

Parque de Atracciones - Vergnügungspark
Straße: Carretera de Extremadura (N-V).
Ausfahrt: Parque de Atracciones. -
Autobusse: Linien 33 und 65. Metro: Batán.

Zoo
Casa de Campo. Zoologischer Garten, Aquarium und Delphinarium. - Autobus: Linie 33. Metro: Batán. Tel. 91 463 29 00

Warner Bros Park
Straße: Carretera M-301 Km 15,500 - San Martín de la Vega.

Praktische hinweise

Anreise

Mit dem Flugzeug

Flughafen Barajas (12 km von Madrid). Bus und Metro zum Stadtzentrum. Information: Tel. 902 400 500 - www.aena.es. Es gibt eine direkte Verbindung mit der Untergrundbahn (Metro) zwischen Nuevos Ministerios (Paseo de la Castellana) und dem Flughafen; Fahrtzeit ca. 20 Minuten. Das Gepäck kann in Nuevos Ministerios aufgegeben werden. Fahrtzeit mit dem Flughafenbus, Abfahrt / Ankunft unter der Plaza del Descubrimiento (Plaza de Colón), beträgt - je nach Verkehrsaufkommen - zw. 30 und 60 Minuten.

Mit dem Zug

Bahnhof Chamartín
Tel. 91 315 99 76. Europa-Züge, Nordspanien und Nahverkehr (Cercanías)
Bahnhof Atocha
Tel. 91 506 68 46. Züge nach Portugal, Südspanien, AVE y Nahverkehr.
Bahnhof Príncipe Pío
Tel. 91 468 42 00. Nahverkehr.

Renfe (Red Nacional de Ferrocarriles) Tel. 91 328 90 20 www.renfe.es
AVE (Tren de Alta Velocidad Española) Tel. 902 240 202

Mit dem Bus

Busbahnhof Estación Sur (Hier fahren die meisten Busunternehmen ab).
Information: Tel. 91 468 42 00.
Auto-Res: nach Extremadura, Castellón, Cuenca, Salamanca, Valencia, Vigo und Zamora. Tel. 91 551 72 00.
Continental: nach Alava, Almería, Burgos, Cantabria, Granada, Guadalajara, Guipúzcoa, La Rioja, Málaga, Navarra, Soria, Toledo und Biskaya. Tel. 91 745 63 00.
La Sepulvedana: nach Segovia.
Tel. 91 530 48 00.

Metro und Bus

Der städtische Busverkehr mit 179 Linien funtioniert von 6.00 bis 23.30 Uhr im 10-15-Minutentakt. Es gibt Nachtbusse, die sogenannten Buhos (Uhus), mit einem Uhu auf dem Schild an der betreffenden Haltestelle. Sie fahren zwischen 0.00 und 3.00 Uhr, alle 30 Minuten, und zwischen 3.00 und 5.00 Uhr alle Stunde.
Die 11 Linien der Metro (Untergrundbahn) fahren zwischen 6.00 und 1.30 Uhr alls 3-5 Minuten (ab 23 Uhr alle 10 Minuten) Information: EMT (Empresa Municipal de

Hotel Palace ▲

Transportes) für Busse: Tel. 91 406 88 10
Metro: Tel. 91 552 59 09

Telefonnummern für Taxis

Tele-Taxi: Tel. 91 445 90 08
Radio-Taxi: Tel. 91 447 51 80
Radio-Taxi Independiente: Tel. 91 405 12 13
Radio-Teléfono taxi: Tel. 91 547 82 00

Nützliche Telefonnummern

Comunidad de Madrid: Tel. 902 100 007
Oficinas de Turismo de la Comunidad de Madrid (Fremdenverkehrsamt Großmadrid):
Puerta de Toledo. Tel. 91 364 18 76
Duque de Medinaceli, 2. Tel. 91 429 49 51
Oficina de Turismo del Ayuntamiento de Madrid (Fremdenverkehrsamt Stadt Madrid): Plaza Mayor, Tel. 91 588 16 36
Information über Madrid: Tel. 010
Notruf Arzt: Tel. 061
Telefonauskunft: Tel. 1003
Polizei: Tel. 091 y 092
Apotheken, 24 Stunden geöffnet: Goya, 89; Mayor, 59; Atocha, 46.

Madrid in Internet

www.munimadrid.es
(Website der Stadtverwaltung Madrid)
www.comadrid.es
(Website der Comunidad Madrid - Provinz)
Sobre la Comunidad Autónoma
www.comadrid.es/turismo
(Website des Fremdenverkehrsamtes der Comunidad Madrid)

Übernachtung

Hotelinformation: Tel. 906 365 024
Ritz Madrid (*****)
Plaza de la Lealtad, 5. Tel. 91 521 28 57
Palace (*****)
Plaza de las Cortes, 7. Tel. 91 360 80 00

Hotel Ritz ▼

Hoteles NH

Hotelkette, meist (***), mit Hotels in der
Stadt und Umgebung

Reservierung: tel. 902 115 116

Ópera (***)

Cuesta de Santo Domingo, 2.
Tel. 91 541 28 00

Tryp Reina Victoria (***)

Plaza de Santa Ana, 12. Tel. 91 531 45 00

Gaudí (***)

Gran Vía, 9. Tel. 91 531 22 22

Hotel Plaza Mayor (**)

Atocha, 2. Tel. 91 360 06 06

Hostal Madrid

Esparteros, 6. Tel. 91 522 00 60

Hostal Gonzalo

Cervantes, 34. Tel. 91 429 27 14

Hostal Fernández

León, 10. Tel. 91 429 56 37

Albergue Juvenil (Jugendherberge)

Santa Cruz de Marcenado, 28.
Tel. 91 547 45 32

Essen und Trinken

Feinschmecker-Restaurants

El Amparo

Puigcerdá, 8. Tel. 91 431 64 56

La Broche

Miguel Ángel, 29-31. Tel. 91 399 34 37

Horcher

Alfonso XII, 6. Tel. 91 522 07 31

La Paloma

Jorge Juan, 39. Tel. 91 576 86 92

Klassische Madrider Restaurants

La Bola

La Bola, 5. Tel. 91 547 69 30

Botín

Cuchilleros, 17. Tel. 91 366 42 17

Casa Lucio

La Cava Baja, 35. Tel. 91 363 32 52

Casa Paco

Plaza de Puerta Cerrada, 11.
Tel. 91 366 31 66

Lhardy

Carrera de San Jerónimo, 8. Tel. 91 521 33 85

Tabernas (Kneipen)

Taberna del Alabardero

Felipe V, 6. Tel. 91 547 25 77

Taberna del Almendro

Almendro, 13. Tel. 91 365 42 52

Taberna de Antonio Sánchez

Mesón de Paredes, 13. Tel. 91 539 78 26

Taberna Carmencita

Libertad, 16. Tel. 91 531 66 12

Taberna de la Daniela

General Pardiñas, 21. Tel. 91 575 23 29

Taberna de los 100 vinos

Nuncio, 17. Tel. 91 365 47 04

Tapas (Appetithäppchen)

El Barril

Don Ramón de la Cruz, 91.
Tel. 91 401 33 05

Las Bravas

Espoz y Mina, 13. Tel. 91 521 35 07

Casa Labra

Tetuán, 12. Tel. 91 532 14 05

Cervecería Alemana

Plaza de Santa Ana, 6. Tel. 91 429 70 33

Cervecería Santa Bárbara

Plaza de Santa Bárbara, 8. Tel. 91 319 04 49

La Dolores

Plaza de Jesús, 4. Tel. 91 429 22 43

Estay

Hermosilla, 46. Tel. 91 578 04 70

José Luis

Paseo de la Habana, 4. Tel. 91 562 31 18
Serrano, 89. Tel. 91 563 09 58

Jurucha

Ayala, 19. Tel. 91 575 00 98

La Tapería

San Bernardo, 88. Tel. 91 593 04 22

Los Timbales

Alcalá, 227. Tel. 91 725 07 68

Restaurant Lhardy ▲

Die Kneipen mit jüngerem Publikum sind in
der Gegend von Plaza de Santa Bárbara,
Huertas, Bilbao, Moncloa und Malasaña.
Tapear heißt von Bar zu Bar schlendern und
in jeder die typischen *Tapas* probieren, eine
traditionelles Vergnügen der Madrider.

Madrider Cafés

Die Cafés haben in Madrid viel Tradition. Die
ältesten waren die klassischen Treffpunkte für
die *Tertulias* (Gesprächsrunden über Literatur).
In einigen der moderneren gibt es Live-Musik.

Café Gijón

Paseo de Recoletos, 21. Tel. 91 521 54 25

Café de Oriente

Plaza de Oriente,2. Tel. 91 541 39 74

Café del Círculo de Bellas Artes

Marqués de la Casa Riera, 2.
Tel. 91 521 69 42

Tortilla de patatas (Kartoffelomelett) ▼

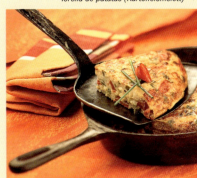

Café Gijón ▲

Café Central
Plaza del Ángel, 10. Tel. 91 369 41 43
Café Comercial
Glorieta de Bilbao, 7. Tel. 91 521 56 55

Madrid bei Nacht

Das Madrider Nachtleben ist berühmt. In
Madrid geht man das ganze Jahr über, und
auch wochentags, nachts aus. Aber vor allem
am Wochenende wird es nachts sehr lebendig.
Die Viertel mit dem meisten Ambiente sind:
Conde Duque, Malasaña, Huertas ... Chueca
ist das Viertel der Gays, die Ende Juni ihr Fest
feiern: La Semana del Orgullo Gay. Im Sommer
verlegt sich ein großer Teil des Nachtlebens auf
die Terrazas (Straßencafés) in der Castellana,
dem Paseo de Recoletos oder beim Viadukt.

Einkäufe

Einkaufsstraßen
In Preciados, Argüelles und Azca gibt es große
Kaufhäuser, Einkaufszentren und -straßen. In
den Straßen Serrano, Ortega y Gasset, Jorge
Juan gibt es viele kleine Modeboutiquen und
große nationale und internationale Firmen.
Um die Plaza Mayor herum liegen die typischen Madrider Geschäfte, mit Bekleidung
und Accessoires (Capes, Fächer ...), aber
auch mit Naschereien und Wurstwaren, etc.

Spezialisierte Geschäfte
Fnac. - CDs und Bücher.
C/ Preciados, 28. - Metro: Callao.
Tel. 91 595 61 00
Casa del Libro. - Bücher.
Gran Vía, 29. - Metro: Gran Vía.
Tel. 91 521 21 13
Librería del Museo del Prado. - Kunstbücher.
Paseo del Prado s/n. - Metro: Banco de
España. Tel. 91 420 26 07

**Librería del Museo Nacional Centro de
Arte Reina Sofía**. - Bücher über Kunst,
Fotografie und Design.
C/ Santa Isabel, 52. - Metro: Atocha.
Tel. 91 467 84 87
Museum Musei. - Geschenkartikel.
C/ Velázquez, 47. - Metro: Velázquez.
Tel. 91 576 00 65

Straßenmärkte
El Rastro (großer Flohmarkt)
Ribera de Curtidores und Umgebung. - Sonn -
und Feiertage, 9.00 bis 15.00 Uhr. - Metro:
La Latina.
Mercado de sellos y monedas
(Briefmarken und Münzen)
Plaza Mayor. Sonn- und Feiertage vormit-
tags. - Metro: Sol.
Centro de anticuarios de Lagasca
(Antiquitäten)
Lagasca, 36. - Metro: Lagasca.

Spanische Markenmode:
Camper
Preciados, 23. - Metro: Callao. Mehrere
Geschäfte in Madrid. Tel. 91 531 17 97
Zara
Gran Vía, 32. - Metro: Gran Vía. Geschäfte
überall in Madrid.
Loewe
Serrano, 26-34. - Metro: Serrano.
Tel. 91 577 06 56

Parque Ferial Juan Carlos I (Messegelände) ▲

Messen und Kongresse

Recinto Ferial Juan Carlos I
Parque Juan Carlos s/n (Barajas). - Metro:
Mar de Cristal. Tel. 91 722 50 00.
www.ifema.es
Modernes Messegelände mit über 60 Messen
im Jahr. In Flughafennähe, aber mit guter
Metro- und Busverbindung zum Stadtzentrum.
Einige der wichtigsten jährlichen Ereignisse:
FITUR. Feria Internacional de Turismo
(Tourismus). Ende Januar.
ARCO. Feria Internacional de Arte
Contemporáneo (Moderne Kunst). Februar.
Pasarela Cibeles. Präsentation der
Modekollektionen der wichtigsten spani-
schen Modeschöpfer.

Calle Preciados ▼

Metro de Madrid

●	Umsteigestation zwischen Metrolinien
●●	Umsteigestation mit langen Wegen zwischen Metrolinien
3	Anfangs-/Endstation einer Metrolinie
⇅	Station mit Aufzug
B1	Tarifzone
*	Station mit eingeschränkten Öffnungszeiten
↻	Nahverkehrsstation (Cercanías)
⮌	Fernverkehrsstation (Renfe)
✈	Flughafen
P	Parken frei
P	Parken gebührenpflichtig
⋯⋯	Eröffnung 2003

Nahverkehr

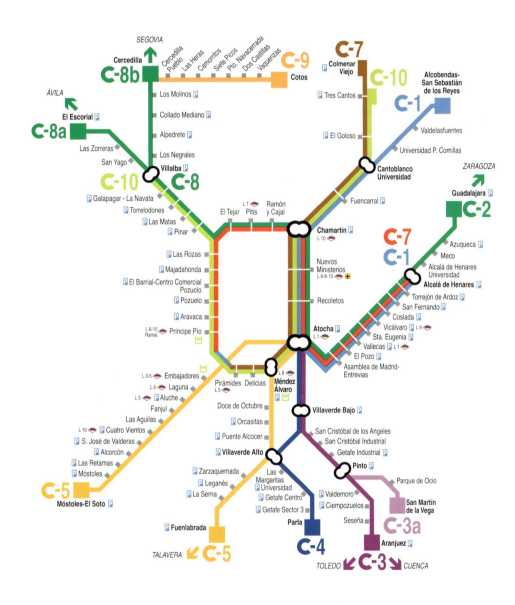

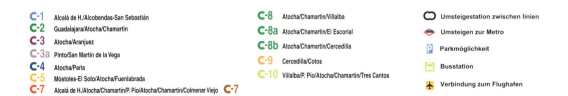

Umsteigestation zwischen linien

Umsteigen zur Metro

Parkmöglichkeit

Busstation

Verbindung zum Flughafen

Herausgabe und Produktion: **Ediciones Aldeasa**

Übersetzung: **Susanne M. J. Hess**

Design: **Antonio Ochoa de Zabalegui**

Layout: **Ramón Castellanos**

Karthographie: **Paul Coulbois**

Fototechnik: **Lucam**

Druck: **TF. Artes Gráficas**

I.S.B.N: 8480033339

Depósito legal: M-14918-2003